KGUP série

社会文化
理論研究

Sociocultural theory research

関西学院大学研究叢書　第 228 編

ニーチェと現代人

宮 原 浩 二 郎

Kojiro Miyahara

関西学院大学出版会

ニーチェと現代人

はじめに

ニーチェの『ツァラトゥストラはこう言った』を読み始めるとすぐ、有名な「三段の変化」の章に出会う。ここでニーチェは人間精神の成熟について語っている。「わたしはあなたがたに、精神の三段の変化について語ろう。どのようにして精神が駱駝となるのか、駱駝が獅子となるのか、そして最後に獅子が幼な子になるのか、ということ」（ニーチェ 1967：37）。

精神はまず「駱駝」になる。辛抱づよい「駱駝」は伝統ある権威に服従し、崇高な道徳規範の重荷を背負って道を急ぐ。だが、やがて行き着くのは荒涼とした砂漠である。それを知った「駱駝」は、自由な「獅子」へと変身する。自分を縛ってきたものに対して猛然と反撃し、長く尊敬してきた道徳的権威に対する「聖なる否定」を敢行する。そして、もはや闘うべき敵がいなくなったとき、「獅子」は「幼な子」になる。「幼な子」は何のこだわりもなく、ただひたすら「創造の遊戯」に興じている。「幼な子」は世界に対する「聖なる肯定」を体現する。

幼な子は無垢である。忘却である。そしてひとつの新しいはじまりである。ひとつの遊戯である。ひとつの自力で回転する車輪。ひとつの第一運動。ひとつの聖なる肯定である。

そうだ、創造の遊戯のためには、わが兄弟たちよ、聖なる肯定が必要なのだ。ここに精神は自分の意志を意志する。世界を失っていた者は自分の世界を獲得する。（ニーチェ 1967：40）

ニーチェのいう「幼な子」とは、いつでもどこでも新たに世界を創り出していく遊戯者である。それはニーチェ自身がたどりついた人間の成熟のイメージでもある。この成熟のイメージは、私たち現代人にとってますます示唆に富むものではないだろうか。

私はここ三十年ほど、折にふれてニーチェの著作を読み、ニーチェ思想の観点から私たち現代人の生き方について考えてきた。専門的なニーチェ研究を目指したのではないが、文化社会学の根本的問題として「ニーチェと現代人」をめぐる考察を試みてきた。そのなかで次第に気づくようになったのは、私自身を含め、一般的なニーチェ理解が「獅子」中心になされてきたことである。ニーチェ思想といえば「超人」や「権力への意志」が代名詞のようになっていて、「幼な子」や「遊戯」はあまり連想されない。「獅子」の「聖なる否定」の声が大きすぎて、「幼な子」の「聖なる肯定」の歌は聴きとりにくい。そこで、まずは私自身のニーチェ理解の軌跡をふり返りながら、「幼な子」への成熟を軸にした現代人論を一冊の書物の形に整えたいと考えた。

ニーチェは多くの優れた著作をのこしたが、何といっても『ツァラトゥストラはこう言った』は稀有な作品である。その直近の著作『悦ばしき知識』には、すでに『ツァラトゥストラはこう言った』を予告するような自分自身への願いが語られていた。永遠回帰思想の背景にある、運命愛と美的な肯定の思想である。

> 私は、いよいよもって、事物における必然的なものを美と見ることを、学ぼうと思う、――こうして私は、事物を美しくする者たちの一人となるであろう。運命愛（Amor fati）、――これが今よりのちの私の愛であれかし！ 私は、醜いものに対し戦いをしかけようなどとは思いもしない。私は非難しようとは思わぬし、非難者をすら非難しようとは思わない。眼をそむけること、それが私の唯一の否認であれかし！ そして、これを要するに、私はいつかはきっとただひたむきな一個の肯定者《ヤー・ザーゲンダー》であろうと願うのだ！（ニーチェ 1993b：289）

「ただひたむきな一個の肯定者」であろうとしたニーチェ。その「幼な子」への目覚めが『ツァラトゥストラはこう言った』という詩的な作品として実を結ぶ。その後のニーチェも『善悪の彼岸』や『道徳の系譜』をはじめとする優れた著作を公表したが、それらは『ツァラトゥストラはこう言った』で語られた思想の解説書としての性格が強くなる。争点を明確化し、理論化する重要な試みではあるが、従来の哲学への批判と対抗を強調するあまり、再び「獅子」の声が大きくなり、「幼な子」の声は隠れがちになる。おそらくニーチェ自身、『ツァラトゥストラはこう言った』ですべてを語り終えたことを知っていたのだろう。実際、ニーチェは自らの哲学思想の全体をついに体系化することはなかった。かつて「主著」とされていた『権力への意志』も、妹エリーザベトによる捏造に近いことが判明している。一八八八年、トリノで暮らした「晩年」のニーチェは、逗留先近くの劇場でビゼーのオペラ「カルメン」をくりかえし心ゆくまで楽しんでいる。そのビゼーには無垢でカラフルなピアノ曲、「子どもの遊び」がある。

「駱駝—獅子—幼な子」は精神の成熟過程を示す寓話である。ニーチェの場合、そして私たちにとっても、この図式をそのまま個々人の伝記的な発達段階のように考えることはできないだろう。『悦ばしき知識』のなかで、ニーチェは「いにしえの人間および動物の現存在が、いな一切の感覚ある存在者の太古と過去の総体が、私の内で詩作しつづけ、愛しつづけ、憎みつづけ、推論しつづけているということを、私は自分の身に発見した」と語る（ニーチェ 1993b : 123）。自己とは多数の「感覚ある存在者」から成る一つの社会である。この「自己の多数性」というニーチェ的な、そしてきわめて現代的な感覚からすれば、「駱駝」「獅子」「幼な子」もまたニーチェの、そして私たちの内なる「感覚ある存在者」たちと考えることができるだろう。

ニーチェのなかには「駱駝」も「獅子」も「幼な子」もみな同時に存在している。ただ、人生の季節によって、それぞれの存在感の大きさは異なる。『ツァラトゥストラはこう言った』を書き上げたニーチェの場合、「幼な子」の存在感が大きい。また、トリノの街で日常生活を愉しんだ「晩年」のニーチェもそうだ。本書では、こうした自己の内なる「幼な子」の存在感の高まりをもって、ニーチェの成熟と呼んでいる。それはまた私たち現代人の成熟にとっても豊かな示唆を与えてくれるはずだ。

＊＊＊＊＊

本書はすでに一九世紀末に近代人の限界と課題を根本的に洞察していたニーチェ思想を軸にして、私たち現代人の課題と可能性をあらためて問う。ニーチェ没後一二〇年、人間の活動が地球全体の気候や生態系まで左右する「人新世」の到来が語られ、全世界が新型コロナウィルスによる社会的混乱に翻弄されている現在、ニーチェ理解にも新たな成熟が求められている。本書がとりわけ注目するのは『ツァラトゥストラはこう言った』の「三段の変化」における「幼な子」への変身＝成熟であり、「笑いと踊り」「遊びと創造」への軽やかな肯定の思想である。従来の「獅子」中心のニーチェ理解から「幼な子」中心のニーチェ理解への成熟のプロセスを具体的な形で示すことで、私たち現代人のもつ課題と可能性を展望する視座を拓きたいと思う。

本書の各章はおおむね当初の執筆時期にしたがって並べられている。前半の第一章から第三章までは、「獅子」の否定的立場から大衆消費社会に生きる私たち現代人の在り方批判的に考察する。第一章「近代人とルサンチマン」では、ニーチェの「奴隷道徳」論を軸に近代的な個人＝主体への根本的批判を展開し、その上に新たな倫理＝美学を担う「新しい貴族」のイメージを素描する。第二章「「末人」とその他者」では、ニーチェの「末人」批判と響き合う現代の映画・文芸作品（北野武監督『ソナチネ』と村上龍『五分後の世界』）を取り上げ、現代の人文社会科学における「他者」概念の平板さを指摘するとともに、その対極にある現代的な至高性について考察する。第三章「道徳と行為美学」では、

「故意」「過失」への異なる評価を支えている道徳的規範を明らかにし、それと直交するような「行為美学」の可能性を指摘する。

後半の第四章から第六章では、「幼な子」の肯定的立場へと移行しながら、現代人の成熟への可能性を考察していく。第四章「静かな超人」では、『ツァラトゥストラはこう言った』を中心に、ニーチェの両価性に注目しながら、強権的な立法者としての「世界史的超人」とは異なる、芸術的な垂範者としての「静かな超人」の重要性に光をあてる。第五章「幸福の遠近法」は、ニーチェのいう「奴隷の幸福」と「主人の幸福」そして「幼な子の幸福」をめぐる新たな考察を試みる。ニーチェは市民大衆の「奴隷の幸福」に貴族的な「主人の幸福」を対置するだけでなく、さらに進んで、その対立を超える「幼な子の幸福」の可能性に注目している。第六章「新たな成熟の問題」では、現代日本における「大人」の概念を取り上げ、ニーチェ的な「青年の克服」と「幼な子への成熟」の観点から、再び軽くなって遊ぶ「大人」の可能性を探る。同時に、社会全体が成熟していく「成熟社会」の可能性について、また、それに必要な「閑暇」と「共歓」の倫理についての考察を試みる。

終章の第七章「日常性の永遠回帰」では、トリノ滞在中のニーチェの友人宛ての手紙を読みながら、日常生活を愉しむ最後のニーチェを追体験していく。同時に、彼の精神崩壊を自己同一性からの解放として考察する。その上で、この最後のニーチェからヒントを与えられた映画『ニーチェの馬』（タル・ベーラ監督、二〇一一年公開）の批評を通して、ニーチェ思想が日常性の永遠回帰を肯定し、成熟社会に向かう私たち現代人にとって新たな示唆を与えていることを示したい。

なお、『ツァラトゥストラはこう言った』の邦訳は、岩波文庫の氷上英廣訳を用いている。私が長年親しんできただけでなく、現代語訳聖書の語り口を生かしながら、作品のもつ詩的・芸術的あじわいをもっともよく伝えているからである。ニーチェの他の著作についてはすべてちくま学芸文庫の邦訳を用いている。

目次

第一章　近代人とルサンチマン

1　超人のヴィジョン

「人間」を克服することを説いたフリードリヒ・ニーチェは、一八四四年に生まれ一九〇〇年に世を去った。その間、一八八九年一月初めにはイタリア・トリノで昏倒、精神病院に入る。以後は母の家で療養し、家族や友人の世話をうけながら、何も語らず何も書かずに暮らす。好きなピアノを弾くこともあったという。

ニーチェの「精神崩壊」の年、一八八九年に起きた世界の出来事をざっと見渡してみよう。第四回万国博覧会に向けたパリ・エッフェル塔の落成、「メートル」「キログラム」を厳密に定めた国際度量衡総会、社会主義者の国際組織「第二インターナショナル」の結成、ウォールストリート・ジャーナル創刊、イギリスにおける児童虐待防止法の制定、大日本帝国憲法の発布、東海道本線の全線開通（新橋—

神戸間）、破傷風血清療法の発見（北里柴三郎）などがある。ニーチェが活動していた時代が現代からそう遠くないことにあらためて気づかされる。グローバルな近代社会の特徴が出揃った一九世紀末は、二一世紀初めの現代と地続きなのだ。近代的な「人間」の輪郭が曖昧になり、「ポスト・ヒューマン」が人口に膾炙する今日、ニーチェのいう「超人」をめぐる考察があらためて現実味を帯びているように思う。

「超人」はけっして哲学思想やニーチェ研究者だけのための専門的概念ではない。それは「よく生きるとはどういうことか」を模索する人なら誰もが避けて通ることのできない、普遍的な思想概念である。「超人」は私たち一人一人の生き方をめぐる一個の鮮やかなヴィジョンとしての生々しい感触を保ち続けている。

ニーチェは南ドイツのプロテスタント牧師の家系に生まれ育った。子どもの頃は「小さな牧師さん」と呼ばれるほど生真面目で勤勉だったという。優秀な成績で高校・大学を卒業し、当時としては異例の若さで古典文献学の教授に抜擢された。若き日のニーチェは一九世紀後半の近代ヨーロッパが生んだ典型的な優等生の一人である。[1] その青年ニーチェはやがて三〇代から四〇代にかけて大きく変貌する。「自分たちこそが人類文化の頂点に達した」という、ヨーロッパ近代人の思い上がりと自己欺瞞に気づくようになる。そして、近代的な「人間」を克服する必要性を説くにいたる。「人間は、動物と超人とのあいだに張りわたされた一本の綱なのだ、——深淵のうえにかかる綱なのだ。……人間における偉大なところ、それはかれが橋であって、自己目的ではないということだ」（ニーチェ 1967 : 18–9）。

ニーチェにとって、「人間」を克服するということは、自分自身を別様の存在へと成熟させていくことだった。それは道徳化・観念化された近代的「個人」の在り方から脱し、より自由で「大地に忠実な」人の在り方の可能性を指し示すことである。ニーチェによれば、近代世界は多種多様でありうる人びとの在り方を抽象的な個人＝主体の形に画一化してきた。ここでは誰もが意志や感情の主体として、行為や責任の主体として、等しく抽象化された「人間」とみなされる。近代的な個人＝主体は、封建的な身分や隷属から解放された「自由で平等な個人」として理想化されてきた。しかし、ニーチェに学んだミシェル・フーコーが「主体」（subject）と「従僕」（これもsubject）」の表裏一体に気づいたように、近代的個人＝主体は多様な人びとの在り方を画一的な規格に整形し、自己を自己にしばりつけるという新たな隷従の形でもあった。

それだけではない。ニーチェは個人＝主体の規格がいずれ崩れ、人びとの在り方に多様な変容が起こりうることを予感していた。「歴史の転換期には、もろもろの要素が並び合い、しばしば入りくみ合い絡み合って見事な、複雑多様な、原始林のごとき成長と高きを競う茂りあいのさまをあらわす。その盛んな成長の競いあいには一種の熱帯的なテンポといったものが見られるし、怖るべき破滅や自滅の現象もあらわれる」（ニーチェ 1993c : 314-5）。こうした幻覚的予感をもとに、彼は個人＝主体の殻を破り出る自由人のイメージを、「超人」のヴィジョンとして書き記していた。このヴィジョンは長い射程をもち、二一世紀の現在もなお現実的なものに思われる。「超人」への問いは、私たちが生きる現在の課題でもある。

2　ルサンチマンと奴隷道徳

「自由な主体」とされる近代的個人が、じつは新たな隷従の形でもあるということ。ニーチェの「道徳の系譜学」はこの問題を中心に展開されている。その出発点は、私たちが人を価値評価する際に、二つの異なる見方（＝遠近法《パースペクティブ》）が用いられているという事実にある。ある人を「よい／わるい」と評価するとき、その「よい／わるい」がどのような観点からいわれているのか、それが問題なのである。この価値評価の二重性は私たちの誰もが知る単純な事実なのだが、この事実を正面から明晰に認識した哲学者はごく少ない。この「よい／わるい」の起源をめぐるニーチェの「発見」を『善悪の彼岸』を中心に追ってみよう。

道徳的な価値差別は、一方において、被支配者たちたいする自己の差別を快感をもって意識する支配的種族のもとに生じ、――他方において被支配者たちのもとに、あらゆる程度の奴隷や隷従者らのもとに生じた。前の場合には、〈よい〉という概念をきめるのが支配者たちであるかぎり、魂の高められた誇らしき状態こそが優秀さと位階を決定するものと感じられるのである。高貴な人間は、こういう高められた誇らしき状態とは反対なものが現われているような者たちを排斥する。つまりそうした者たちを軽蔑する。この第一の種類の道徳にあっては、〈よい《グート》〉と〈わるい《シュレヒト》〉との対立が〈高貴なる〉と〈軽蔑すべき〉というほどの意味であることに、ただちに気付かれるであろう。（ニーチェ 1993c : 305–6）

ニーチェによれば、「支配的種族」の間に成立した価値評価は「よい《グート》＝高貴な／わるい《シュレヒト》＝軽蔑すべき」という、単純な卓越性をめぐる価値評価であった。これに対して、「奴隷や隷従者」の間に生じた価値評価は「よい《グート》＝善い／わるい《ベーゼ》＝悪い」という、道徳的非難としての価値評価になる。

迫害された者、圧迫された者、苦悩する者、自由を奪われた者、自己自身に確信のない者、疲労した者らが道徳を説くとすれば、いったいどういうものが彼らの道徳的価値評価の共通点となるであろうか？　おそらくは、人間の全情況にたいする厭世主義的な猜疑が吐露されるだろうし、またおそらく人間ならびにその情況にたいする断罪が述べたてられるであろう。奴隷の眼差しは、強力者たちの徳にたいして嫌悪をひらめかす。奴隷は懐疑と不信を抱いているし、奴隷は強力者のもとで敬重される一切の〈善きもの〉にたいする不信の鋭敏さをそなえている。――奴隷は、強力者らにおける幸福そのものは本物でないと、われとみずからに納得させようとする。その反対に、苦悩する者らの生存を安楽にするのに役立つ諸特性が引きだされ、輝くばかりに光をあてられる。ここでは同情が、親切な慈悲深い手が、温情が、忍耐が、勤勉が、謙虚が、友誼が賞揚されるようになる。――なぜなら、これらのものはここでは、生存の重荷を耐えしのぐうえにもっとも有効な特性であり、ほとんどその唯一の手段だからである。奴隷道徳は本質的に功利道徳である。ここに〈善〉と〈悪〉というあの有名な対立を燃え立たせる火元がある。（ニーチェ 1993c : 308–9）

「奴隷の眼差し」は強力な者たちの徳である「よい＝高貴な」ものに対して敏感な不信をもつ。その代わりに、「同情が、親切な援助を厭わぬ手が、温情が、忍耐が、勤勉が、謙譲が、友誼」が「よい＝善い」ものとして持ち上げられる。奴隷＝弱者は主人＝強者とは根本的に異なる「よい／わるい」の価値評価をもつのである。

主人が「よい」と評価するのは、強いこと、美しいこと、幸福なこと、高貴であることである。主人＝強者は、無邪気な子どものように、「力強い肉体、今を盛りの豊かな溢れたぎるばかりの健康」、それを「保持するうえに必要なものごと、すなわち戦争、冒険、狩猟、舞踏、闘技、さらにはおよそ強い、自由な快活な行動を含む一切のものごと」を「よい」とする（ニーチェ 1993c : 387）。これがニーチェのいう「主人道徳」における「よい＝高貴な」ものである。ところが、奴隷＝弱者にとって、主人＝強者の「よい＝高貴な」こと――強いこと、美しいこと、幸福なこと、高貴であること――はどこか罪深く、欠陥のあるものに感じられる。むしろ反対に、弱いこと、醜いこと、不幸なこと、卑しいことこそが「よい」とみなされる。たとえば、イエスによる有名な「山上の垂訓」では、「貧しき者、惨めな者こそ幸いである。力なき、卑しき、悩める、貧しき、病める、醜き者こそ神に愛される」と言われている。これが「奴隷道徳」における「よい＝善い」ことである。ニーチェにとって、主人道徳の価値評価は自然であり、健康であり、「大地に忠実」である。生命が躍動するこの地上世界にあって、強いこと、美しいこと、幸福なこと、高貴であることは文句なく「よい」はずからだ。それを「わるい」とするような道徳が登場した背景には、よほど深刻で「不自然な」歴史的経験が横たわっているにちがいない。それが弱者が強者に対して抱く「ルサンチマン」の心理、すなわち、嫉妬、反感、怨恨の深刻化と結晶化である。

あえていうまでもないことだが、「ルサンチマン」は私たちの誰もが経験する普遍的な感情である。「一寸の虫にも五分の魂」という諺が示すように、どんなに弱く非力な人でも、あるいは、人がどんなに弱くなり無力になっているときでも、その身体の半分は意地や矜持、プライドからできている。弱者は強者に対して嫉妬・反感を抱き、抵抗し、ときには逆襲する。だからこそ、主人＝強者と奴隷＝弱者の間にはつねに緊張関係が生じる。奴隷の主人に対する嫉妬、反感、怨恨の感情が高まると、現実の一揆や反乱として噴出することもある。しかし、これはまだ軽度の「健康な」ルサンチマンである。ニーチェによれば、現実世界における逆転への希望があり、外部世界に向けて吐き出される嫉妬、反感、怨恨はまだ表面的なルサンチマンにとどまり、決定的な価値転換をもたらすにはいたらない。

価値転換が起こるのは、一揆や反乱を徹底的に封じられ、現実的な逆転が絶望的になるときである。主人＝強者に復讐する現実的な希望がまったく絶たれたとき、それでもなお復讐を遂げようとする奴隷＝弱者のルサンチマンは深く精神に内向して重症化する。現実世界における復讐を諦めた奴隷は、新たな道徳的価値評価の発明を通して、観念世界において復讐を遂げる。つまり、現実世界における劣位を観念的世界における優位へと転換する。こうして現実世界で「よい」とされる強さ、美しさ、幸福、高貴さは、観念的世界における「悪」へと引き下ろされることになる。ニーチェは「最後の審判」のなかに弱者の強者に対する憎悪と復讐を聴きとる。「おまえたち、強く美しく幸福な者はこの地上で大いに楽しむがいい。だが、それもいまのうちだ。最後の審判のラッパが鳴るとき、おまえたちはその罪により地獄の火に灼かれるだろう。その有様を天上から眺めるのは私たち弱き者、義《ただ》しい者たちだ」と。その意味で、いたるところ「愛」を説く奴隷道徳の本質は、弱者の内向するルサンチマンがぐつぐつと発酵させた酒精《スピリッツ》であり精神《スピリッツ》なのである。

内向するルサンチマンへの洞察を手にしたニーチェは、主人道徳と奴隷道徳を分かつ本質的な対立点に切り込んでいく。『道徳の系譜』にある次の指摘が重要である。「すべての貴族道徳は自己自身にたいする勝ち誇れる肯定《ヤー・ザーゲン》から生まれでるのに反し、奴隷道徳は初めからして〈外のもの〉・〈他のもの〉・〈自己ならぬもの〉にたいして否《ナイン》と言う」（ニーチェ 1993c : 393）。主人道徳の本質は自己の肯定にある。「われら美しき者、われら高貴なる者！」という自己賛美を身にまとう貴族にとっては、他の者たちを意識する前に、自分たちが「よい＝高貴な」者なのだ。自分たち以外の者を「わるい＝軽蔑すべき」とするのは、すでに確立している自己肯定にさらなる感謝をもたらすための二次的な評価にすぎない。それに対して、奴隷道徳の本質は他者の否定にある。自分が他の誰かであったらなあと嘆く奴隷は、体内に沸き上がる嫉妬・反感・怨恨から主人が「わるい＝悪い」のだと有罪宣告する。その反動の力を借りて初めて、「悪い」主人の対極にある自己が「悪くない」者、いや、「善い」者に思えてくる。主人道徳の「よい＝高貴な」が能動的な自己肯定からくるのに対し、奴隷道徳の「よい＝善い」は他者否定の反動からくるのである。いいかえれば、主人道徳はまず初めに「よい」と感じられる者を称賛する。そして、そのよさを明確にするために「よくない＝わるい」者に言及する。あくまでも「よい」者への称賛が先にあるのである。対して、奴隷道徳ではまず「わるい」と考えられる者を非難する。そして、返す刀で「わるくない＝よい」者を持ち上げる。ここでは「わるい」者への非難が先にある。この二つの価値評価においては、「よい／わるい」自体の意味合いがまるで異なってくる。

すでに見たように、ニーチェはこの問題をドイツ語の gut/schlecht（英語では good/bad が近い）と gut/böse（英語では good/evil が近い）の違いに関連させている。日本語であれば、「卓越した／凡庸な（低劣な）」と「善良な／邪悪な」の違いといえるかもしれない。いずれにしても注目すべきは、主人道徳の価値評価が能動的、肯定的、感性的であるのに対し、奴隷道徳の価値評価は反動的、否定的、観念的だという点にある。後にジル・ドゥルーズが見事に定式化したように、主人道徳の本質が「差異の肯定」にあるとすれば、奴隷道徳の本質は「対立の苦役」にあるといえるだろう（ドゥルーズ 1982）。

ニーチェのいう主人道徳と奴隷道徳はそれぞれ古代ギリシャの貴族倫理とキリスト教道徳をモデルにしているが、どこまで歴史的現実に合致するかについては様々な見解があるだろう。しかし、この二つの価値評価は、具体的な歴史的事実を離れてもなお、現代の私たちの日常的な価値評価のなかに生きているのではないだろうか。たとえば、並はずれて美しい人や才能に恵まれた人は「すごい人」（その反対は「凡庸な人」）とされる。これは主人道徳的な価値評価に近いだろう。他方、やさしくて親切な人、他人のために尽くす人は「善い人」（その反対は「悪い人」）とされる。これは奴隷道徳的な評価に近い。そして、この二つの評価はしばしば混線する。「すごい人」は周囲から嫉妬され反感をもたれた場合、「悪い人」に引き下げられる。逆に、「凡庸な人」は周囲に安心感を与え好感をもたれた場合、「善い人」に引き上げられる。

ニーチェ自身、この二つの道徳の「かたくなな並立状態――同一人の内での、同一の魂の内部においてすらもの――があらわれていることもある」と指摘している（ニーチェ 1993c : 305）。実際、現代では、こうした二重の価値評価は同一の個人のうちに共存し、多かれ少なかれすべての人に分かち持たれているのではないだろうか。同じ人であっても人生の季節や心身状態の移り変わりに応じて、異なる価値評価軸が交互に現れてくる。たとえば、元気で自信があり人生に希望があるとき、人は主人道徳的な「すごい人／凡庸な人」の軸で自他を評価する傾向があるだろう。反対に、元気なく自信を失い人生に希望が見出せないとき、人は奴隷道徳的な「善い人／悪い人」の軸で自他を評価する傾向がありそうだ。「すごい人」だと憧れていた人に対して、何かの事情で嫉妬・反感の気持ちが高まるにつれ、「悪いやつ」だと非難したくなる。反対に、「つまらないやつ」と見下していた人の親切心ややさしさに感じ入って、「善い人」だと持ち上げたくなる。しかも、こうした二重の評価はその時々の自分自身に対してもなされている。つまり、私たちの一人一人は現実には二つの価値評価の遠近法の間を揺れ動いているのではないだろうか。おそらくニーチェは、この二重性を人一倍強く明確に自覚していた近代人の一人である。だからこそ彼は、主人道徳と奴隷道徳の対立を誰よりも冷徹非情に分析することができたのである。

3　道徳的主体としての近代人

さて、二つの価値評価のうちで、すべての人に一律な「主体性」を要求するのは奴隷道徳である。「道徳的主体としての個人」は近代人、そして私たち現代人にとってあまりにも自明な人間観となっている。それは奴隷道徳的な価値評価と切り離すことはできない。これもまたニーチェが発見した驚くべき事実である。

私たち現代人の多くと同様、ニーチェは創造主としての神の存在を認めない。「神は死んだ」のである。そうすると、この世界には創造の作用だけがある。事物の働き、動き、波動、生成がこの世界のすべてである。こうした作用の背後にその作用を創り出している「作用者」が鎮座しているわけではない。そうした意味での「作用者」というものは存在しないのである。ところが、私たちはともするとこの世界で生起している作用が、その背後にいる何らかの「作用者」によって創り出されているかのように勘違いしてしまう。

たとえば、私たちは「稲妻が閃く」と言い、また、そう考える。「稲妻が閃く」という文は、あたかも稲妻という「作用者」が、閃くという「作用」を創り出しているかのように読める。さらにいえば、まるで稲妻という「主体」が閃いたり閃かなかったりする自由をもっているかのようだ。しかし、それはまったくの錯覚なのである。ここで現実に起きていることは、「稲妻が閃く」のではなく、あの雷鳴とともに空を切り裂く閃きを、私たちが「稲妻と呼んでいる」だけのことである。稲妻とは閃きの作用そのものなのであり、それ以上でも以下でもない。

この世界のあらゆる事象や出来事の背後に、それを引き起こしている「主体」を想定すること。文法的にいえば、あらゆる述語の背後に何らかの「主語」（subject）を差し込むこと。ニーチェによれば、こうした思考習慣は、奴隷道徳的な価値評価と深い親近性をもっている。なぜなら、道徳的な「善悪」の観点から自他の在り方を評価するとき、その背後には「善い／悪い」行為を自由に選択しうる「主体」が想定されているからである。ニーチェは『道徳の系譜』で鋭く指摘する。「ちょうど一般の民衆が稲妻をその閃光から切りはなし、後者を稲妻と呼ばれる主体の活動であり作用であると考えるのと同じく、民衆道徳もまた強さを強さの現われから切りはなし、あたかも強さを現わすも現わさないも自由自在といった超然たる基体が強者の背後にあるかのごとく思いなす」（ニーチェ 1993c：405）。

ここでの「民衆道徳」は奴隷道徳に近いことに留意しよう。ちょうど「稲妻」が閃いたり閃かなかったりする自由をもつように、人もまた強くなったり弱くなったりする自由をもつかのように考えられている。強者あるいは弱者という在り方（現象）は身体の作用にすぎないにもかかわらず、その背後に

「超然たる基体」としての「作用者」を虚構し、この「主体」が強くなったり弱くなったりすることを自由に選んでいるのだと考えてしまう。

　多様で流動的な身体作用の背後に、一律で固定的な「主体」を読み込むこと。いいかえれば、道徳的主体を虚構すること。これは主人＝強者に対してルサンチマンを抱く奴隷＝弱者にとって魅力的な発想である。なぜなら、「弱くなるのは強者の自由であるし、仔羊になるのは猛禽の自由である」のであれば、弱者は「猛禽にその猛禽であることの罪を着せる権利」を手にすることができる。さらには、自分の弱さを「一つの随意の所業、ある意欲され、選択されたもの、一つの行為、一つの功業であるといったよう」にみなすことが可能になるからである。（ニーチェ 1993c : 405-6）。「主体」の想定は、強者に強者であることの罪を負わせ、弱者に弱者であることの功を認めることを可能にする。これが弱者の内攻した復讐感情を満たすことになる。万人に一律の道徳的「主体性」を要求することは明らかに奴隷道徳との親近性が高いのである。

　よく知られているように、こうした道徳的主体として普遍性を獲得したのが近代的な個人＝主体である。「自由で自律した」近代的個人においては、各人の内部にある自我（Ego）が各人の身体を所有し、理性的にコントロールするものとみなされている。自我によって統御できない身体は病的なものとみなされ、精神医学的な治療や矯正の対象となる。ここでも身体という作用の背後に自我という「作用者」＝「主体」が想定されている。しかし、ニーチェによれば、ここにも不可解な錯誤がある。人間存在は他の事物と同じように、その身体作用の総体以上でも以下でもなく、それを背後から自由に操作する「自我」もたんなる虚構にすぎない。言葉の上で「わたし」と呼ばれている現象も、その「わたし」が作り出しているのではない。ところが近代的個人＝主体は、この虚構があたかも普遍的実在であるかのような想定に支えられている。

一言でいえば、近代的な個人＝主体もまた奴隷道徳の系譜にある。注目すべきは、それが歴史上かつてなく普遍化されていることだ。民族や性別や階級を問わず、今や万人が一律の抽象的な自我のもとで、多様であるはずの身体作用を道徳的に監視するよう強いられている。身体の自由な作用、とくにその強さの発現は責められるべきものとなる。同時に、道徳的非難の対象は外的な強者である「主人」から内的な強者である身体そのものへと移行していく。ニーチェはこうしたルサンチマンの内面化のうちに、近代人特有の「良心の呵責」を見いだした。「私は、良心の疚しさというものをば……重い病気だと考える。……外に向かって発散されないすべての本能は、内向する。——これこそが、私の呼んで人間の内面化というやつである」（ニーチェ 1993c：462-3）。近代人の「良心の疚しさ」は各人の内なる奴隷＝弱者が内なる主人＝強者を責め苛むようになるという、奴隷道徳の内面化に由来するのである。

あらためて気づくのだが、現代の私たちがいう「道徳」（morality）もまた基本的には奴隷道徳の系譜にある。現代の「道徳」もまた自己肯定よりも他者否定を本質とし、万人をその行いの責任者として一律に主体化するからだ。他方、ニーチェが語っていたもう一つの道徳、主人道徳は、一般的な意味では「道徳」とは見なされていない。実際、晩年のミシェル・フーコーが「道徳という言葉の曖昧さ」について語っている。ここでフーコーは、万人に対して「……してはいけない」という禁令を出す法＝規範と、選ばれた少数の人びとに対して「……するのが望ましい」という勧告を与える技法＝美学を区別するよう提案している（フーコー 1987：34-42）。前者の普遍化的な法＝規範は奴隷道徳に、後者の個別化的な技法＝美学は主人道徳に対応している。フーコーの「生存の美学」はニーチェの主人道徳の可能性を現代的な形で再生させようとする試みでもあった。

いずれにしても、近代的個人の由来はニーチェのいう主人＝強者ではなく奴隷＝弱者にある。もっとも、近代人は一見すると奴隷＝弱者には見えない。むしろ、封建的束縛から解放された自主・独立の主人＝強者であるかのように見える。ここでもフーコーが subject の意味を「主体＝従僕」として捉えたのは核心を衝いていた。近代の個人＝主体とは、あたかも主人であるかのような奴隷、あたかも強者のように見える弱者なのである。(2)

ところで、近代的な「主体化」は歴史上かつてなく普遍主義的である。それは、人類の全体が一人のこらず均一な個人＝主体となることを要求する。この要求はすでにキリスト教道徳において「神の前での万人の平等」として萌芽的に表現されていた。ただ一人の超越的な神の前では、人は誰も画一平等でなければならない。そうしたキリスト教道徳を引き継いで、個人＝主体化を押し進めた思想運動が近代の道徳的民主主義である。ニーチェの「超人」のヴィジョンは近代的な思想運動としての道徳的民主主義からのポジティブな脱却の試みでもある。

近代民主主義がまず取りかかった封建的身分制度の撤廃は、たんに支配的身分のもつ法的特権をなくし、社会的な身分差別をなくすことに尽きてはいない。それは同時に、「貴族」や「平民」に代表される身体の多様性を消滅させることでもあった。身分制が生きている社会においては、平民と貴族その他の身分はそれぞれにとって「自分たちとは本質的に異なる」存在である。その身体性の差異は言葉遣いや服装、姿勢から立居振舞いまで、一目でわかる具体的な特徴のうちに顕在化する。その意味で、貴族とは、身体の多様性の生きた証人でもある。近代における身分制の撤廃とは、身分の違いという形で顕現していた身体の多様性を消滅させ、万人の身体を個人＝主体という形に画一化し、「平等」化する。道徳的民主主義はこの画一平等主義を徹底化し、封建的身分制度の解消にとどまらず、普遍的な「人間」の旗印のもとにあらゆる身体的多様性の解消へと向かっていくことになる。近代主義的な人権運動やマイノリティ運動はかつての反身分制運動の後継者であり、その向かうところは身体の画一化というルートを通る「平等化」であった(3)。

あらためて気づくのだが、かつての身分制のもとでは「ある身分の者にとって適切な振舞いが他の身分の者にとっては適切ではない」ことがいくらでもあった。いわゆるノブレス・オブリージがその一例である。だが、道徳的民主主義のもとでは、「ある人にとって適切な振舞いは他のすべての人にとっても適切でなければならない」とされる。さらにその背後には、万人が同一の原理に従って行動するものとみなす「合理的」で「科学的」な人間観が控えている。イギリス功利主義に代表されるような、「すべての人間は快を求め不快を避けるという原理に従って行動する」といった人間観がそれである。ここには、その命題の真偽以前の問題として、すべての人が一人のこらず同一の行動原理に従わなければならないという道徳的要請が前提とされている。アレクサンダー・ネハマスは、こうした道徳的絶対主義に対するニーチェの批判的立場を的確に指摘している。「ニーチェが道徳の核心をなすと考える教理の絶対主義に対して最も反発するのはまさに、それがすべての人間に同じ行動の原則に従うよう要求するという点に関してである。実はこれこそが、行動に対する道徳的アプローチとりわけキリスト教的なそれを、貴族的価値評価様式のように明らかにパースペクティヴ主義的であり非絶対主義的であり、それ故非道徳的なアプローチから区別する特性なのである。道徳はすべての人間が従わなければならない行動の規範を目指す」（ネハマス 2005 : 320）。

ニーチェは人間の自由と進歩の教説とされてきた道徳的民主主義の理念に対して根本的な疑問を投げかけた。それは万人を画一的な個人＝主体の鋳型にはめ込むことで、主人＝強者を壊滅させようとする奴隷＝弱者の復讐願望の産物でもあったからである。ニーチェは、「民主主義の運動は、たんに政治的機構の一つの頽落形態と思われるだけでなく、人間そのものの頽落形態、すなわち人間そのものの卑小化の形態、人間の凡庸化と価値低落の現象と思われる」と言う（ニーチェ 1993c : 180）。同時に彼は、近代哲学や科学的世界観に流れ込んだ「民主主義的な本能への迎合」を批判する。たとえば、人間の行為に関する「自由意志説」も、その反対の「決定論」も、ともに道徳的な画一平等主義に迎合する偏見である。これらはともに万人がそろって「自由な意志」をもつこと（あるいは、もたないこと）、いいかえれば、万人が一律均質の存在であることを当然の前提にしている。だが、「現実の生において問題なのは、強い意志と弱い意志ということだけ」なのだ（ニーチェ 1993c : 48）。ニーチェが注目したのは、人の身体作用の現実的な生成と運動であり、その強さや弱さを含む多様性の肯定である。

4　「新しい貴族」

ニーチェの場合、身体の多様性の肯定はある種の「貴族主義」に結びつく。とはいえ、ニーチェの「貴族主義」は前近代の王権や身分制度の復活を目指すものではなく、現代的な社会階層の固定化や強化を肯定するものでもない。また、念のため確認しておけば、民族主義的な純血主義などとは何の関係もない。ニーチェの語る「新しい貴族」は、従来のような社会的制度としての身分（「どこから来たか」）ではなく、未来に向けられた精神的な存在様態（「どこへ行くか」）である。[4]『ツァラトゥストラはこう言った』では、次のように語られている。

おお、わが兄弟たちよ、わたしはあなたがたを新しい貴族に任じよう。あなたがたは未来を生み育てる者、未来の種まき人となってもらわなければならない、――

――まことに、それは商人の手口のような、はしたがねで買える貴族の位ではない。総じて値段のつくものは、すべて価値のないものである。

今後、あなたがたに栄誉を与えるのは、「どこから来たか」ではなくて、「どこへ行くか」なのだ！　あなたがた自身を超えて行こうとするあなたがたの意志と足、――これこそ、あなたがたの

> 新しい栄誉であらねばならぬ！
> まことに、あなたがたが王侯に仕えてきたというようなことは、なんの誉れにもならないことだ！　いまさら王侯がなんだろう！――それからまた、立っているものを、もっとしっかり立たせようと、その防御の役目を果たしたというようなことは、かくべつ誉れではない！……
> おお、わが兄弟たちよ、あなたがた貴族は、うしろをふりかえってはならない。前方を見るべきだ！　あなたがたは、あらゆる父と祖父の国を追われた者であらねばならない！
> あなたがたは、あなたがたの子どもたちの国を愛さなければならない。この愛をこそ、あなたがたの新しい貴族の資格とするがいい、――それは海のかなたにある未発見の国への愛である！　わたしはあなたがたの帆に命じる、この国を捜せ、捜せと！（ニーチェ 1970：104–5）

「新しい貴族」とは血統や家柄によるかつての貴族ではなく、財力に物を言わせるブルジョア貴族でもない。さらに、「父と祖父の国を追われたもの」と言われているように、既成社会の能力評価で勝ち上がるメリトクラシーでもない。むしろ、ニーチェ自身がそうであったような「無国籍者」であり、「どこから来たか」ではなく「どこへ行くか」によって形成される一群の仮想的存在である。この「新しい貴族」は考えられる限りの多様性に富む個人たちでもある。

強大な独裁者があらわれるかもしれない。それは狡猾な怪物でもあって、おのれの好悪に物を言わせて、すべての過去に強制を加えるだろう。ついにはそれを無理やりに、おのれにいたる橋とし、予兆とし、伝令とし、鶏鳴にしてしまうだろう。……こうして一切の過去はいいなりにされる。つまり賤民がいつかそうした支配者となるかもしれない。そしてすべての時間を浅い水たまりのなかに溺らせてしまうかもしれないのだ。だから、おお、わが兄弟たちよ、新しい貴族が必要なのだ。すべての賤民とすべての暴力的な支配者に対抗し、新しい石の板に、新しく「高貴」ということばを書く貴族が。

というのは、およそ貴族がなりたつためには、多くの高貴な個人たち、多種多様な高貴な個人たちが必要だからである！ あるいは、わたしがかつて用いた比喩で言えば、「神々はある。しかし、ただひとりの神などはない。それでこそ神聖なのだ！」（ニーチェ 1970：103）

「多くの高貴な個人たち、多種多様な高貴な個人たち」と強調されているように、ニーチェは「新しい貴族」の本質を複数性に見ている。この複数性は、低俗な大衆とそれが生み出す専制的支配者が好む同質性・均質性のまさに対極にある。「神々はある。しかし、ただひとりの神などはない。それでこそ神聖なのだ！」。そして、「そこでは、一切の生成が神々の舞踏であり、神々の気まぐれであると思われた。……あまたの神々が永遠の追いかけっこを演じているところと思われた。あまたの神々がたがいに拒否したり、また耳を傾け、仲直りしたりする至福の境地と思われた」（ニーチェ 1970：93）。多種多様な神々が、高貴な個人たちがいてこそ、この世界は豊かになるのである。この意味で、「新しい貴族」

とは、唯一絶対の超越的権威をあくまでも忌避するニーチェが想定した、多神教的な神々の似姿として理解される必要がある。

さらに見逃せないのは、「新しい貴族」の背景に、ニーチェの友情論が控えていることである。ニーチェの「友情」はともすると現代の私たちが想起しがちな「同情」や「助け合い」や「一致団結」のことではない。少なくとも、奴隷＝弱者の傷のなめ合いや損得勘定からくる「仲間のよしみ」ではない。ニーチェのいう「友情」は独立した主人＝強者が互いに尊敬の念を抱きつつ、互いの卓越性を競う闘技的交際である。『ツァラトゥストラはこう言った』の友情論を読んでみよう。

> 友を持とうと思う者は、その友のために戦おうと思わなければならない。そして戦うためには、人の敵となることができなければならない。
>
> 友のなかにも敵を見て、この敵を敬わなければならない。あなたはあなたの友のごく近くにいて、しかもかれの立場に乗り移らないでいることができるか？……
>
> 友のなかに、自分の最善の敵を持たなければならない。あなたがかれにさからうとき、あなたの気持が、かれにもっとも接近していなければならない。
>
> あなたはあなたの友の前では、衣服をぬぎたいと思うのか？　あなたがありのままの自分をかれに見せるのは、あなたの友にとっての栄誉だというのか？　だがかれは、そいつはまっぴらごめんだ、と言うだろう！……

あなたは、友のためには、どんなにわが身を美しく飾っても飾りすぎることはない。なぜなら、友にとって、あなたは超人への矢であり、あこがれであるべきだから。……

友たるものは、推察と沈黙の術にすぐれた者であらねばならない。あなたはすべてを見てやろうと思ってはならない。起きているあなたの友がやっていることが、あなたの夢のなかにおのずとあらわれるというのでなければならない。

あなたの同情は、推察でなくてはならない。あなたの友が、同情を欲しているかどうかがまずわかっていなければならない。友があなたにおいて愛しているのは、非情の眼と、永遠に澄んだまなざしであるかもしれない。

友への同情は、堅い殻のしたにひそんでいるのがいい。同情を味わおうとして、噛めば歯が折れるほどでなければならない。そのくらいで同情に微妙な甘みがでてくるだろう。……

あなたは奴隷なのか？　では、あなたは友になることができない。あなたは専制君主なのか？　では、あなたは友を持つことはできない。（ニーチェ 1967 : 92-4）

ニーチェから見れば、こうした独立した者同士が並び立つ、緊張感のある交流の友情世界こそが「貴族的」である。というのも、高貴な人びとは「はじめ躊躇するにしても、結局は自分と同等の権利をもつ者が存在することを認める。……自己自身に接すると同じく確かな羞恥心と繊細な畏敬の念をもって、これら同格者や同権者らと交際をかわす」からだ（ニーチェ 1993c : 320）。この「自分と同等なものとの交渉における繊細さと自己制限」はニーチェのいう「新しい貴族」世界の本質でもある。まさに、「あなたは奴隷なのか？　では、あなたは友になることができない。あなたは専制君主なのか？　では、あなたは友を持つことはできない」のだ。ニーチェの「貴族主義」は、匿名多数の大衆の支配や彼らが担ぎ出す独裁者の支配に対抗するもっとも優れた防波堤でもある。画一平等の道徳的民主主義を否定し、近代的個人＝主体からの脱却を説くニーチェは、民主主義の理念そのものを否定しているのではない。むしろ、より高い次元の民主主義の可能性を提起しているのである。(5)

ニーチェの「超人」はともすると唯一絶対神の代替物のように受け取られてきたが、それはけっして孤高の超越者ではなく、多神教的な複数存在であることにあらためて注目しておきたい。「超人」の世界もまた「多くの高貴な個人たち、多種多様な高貴な個人たち」の世界である。「あなたは、友のために、どんなにわが身を美しく飾っても飾りすぎることはない。なぜなら、友にとって、あなたは超人への矢であり、あこがれであるべきだから」と言われているような、独立した対等な人びとの間のダイナミックな友情にもとづく公共世界である。そこでは多種多様な「超人」が互いへの尊敬の念をもち、卓越性を競って闘い、推察と沈黙に富む同情をもって互いを鼓舞している。それは「あまたの神々が永遠の追いかけっこを演じ」て遊び、また、「あまたの神々がたがいに拒否したり、また耳を傾け、仲直りしたりする」世界である。

最後に、ニーチェのいう「新しい貴族」はどのような人びとなのだろうか。道徳的民主主義が生み出した近代的な個人＝主体と対比させながら、その特徴をあらためて確認しておこう。

第一に、義務の個別化。「高貴であることのしるし。すなわち、われわれの義務を、すべての人間にたいする義務にまで引き下げようなどとはけっして考えないこと。おのれ自身の責任を譲りわたすことを欲せず、分かちあうことをも欲しないこと。自己の特権とその行使を、自己の義務のうちに数えること」（ニーチェ 1993c : 329）。画一的な個人＝主体の規格から脱皮するとき、私たちは自己自身にとっての個別化された行動原則をもつ必要がある。それは、自分に対する要求を万人に対する要求へと普遍化しないこと、そして、自分のなすべき振舞いを自分に固有の義務として受けとることを意味する。

第二に、自己の活用。「大いなる誇らかな放下をもって生きるがよい。つねに世に超然として生きよ。――自己の情念、自己の賛否を意のままに据えまた放ち、また幾時かはそれらのもとに腰を下ろしているがよい。馬を御するがごとく、またしばしば驢馬をあやつるごとくに、それらのものを乗りこなすがよい」（ニーチェ 1993c : 336）。あるいは、「知性の向背を意のままに左右し、これを自在に懸けたり外したりできる」こと（ニーチェ 1993c : 520）。自分自身を「自我」という痩せた理性と同一視しないこと。むしろ、「自己」という豊かな身体作用の総体に開き、活用すること。「わたしはどこまでも身体であり、それ以外の何物でもない。そして魂とは、たんに身体における何物かをあらわす言葉にすぎない。身体はひとつの大きな理性だ。……あなたが「精神」と呼んでいるあなたの小さな理性も、あなたの身体の道具なのだ」（ニーチェ 1967 : 51）。ニーチェは自らの「小さな理性」に縛られず、「大きな理性」である身体そのものを生きる可能性を考えている。

第三に、贈り与える徳。「最高の徳はありふれてなく、実用的でなく、光を放って、しかもその輝きが柔和である。最高の徳は、贈り与える徳なのだ」(ニーチェ 1967 : 126)。いつも惜しみなく贈り物をしようとする富者の意識。「利他的」な道徳のためではなく、ちょうど満ち溢れる杯が空になろうとするように、充溢するエネルギーが他者への贈り物として流れ落ちるような人である。力の充溢からくる放出衝動ゆえに蕩尽する人。「わたしはひとを欺く者などをすこしも警戒していない。一切の用心を捨てなければならない。これこそわたしの運命が要求していることだ」(ニーチェ 1970 : 197)。

最後に、美へ下降する力。「力が慈しみとかわり、可視の世界に降りてくるとき、そのような下降をわたしは美と呼ぶ。そして、力強い者よ、誰にもましてあなたから、わたしはその美を要求する。あなたが慈愛に達することが、あなたの最後の自己克服となるように」(ニーチェ 1967 : 204)。ここには近代的な個人=主体を超え出た「新しい貴族」の美的なイメージがある。ニーチェにとって「美」とは、目に見え耳に聞こえ、身体的な五感であじわうことのできる世界へと降り立つ「力」なのだ。ほんとうの「強さ」の発現は、そのむきだしの誇示にではなく、筋肉の緊張が溶けて周囲の事物を慈しむようになる姿にこそある。その慈愛は美として現れる。高貴さは、むきだしの力ではなく、美へと下降する力のうちに現れる。

ニーチェのほぼ最後の著作『この人を見よ』のなかに、「できの良い人間」についての素晴らしい記述がある。ここにはニーチェが敬愛したゲーテの面影が投影されているともいわれる。「できの良い人間」は「善人」でもなければ「悪人」でもない。まさに「善悪の彼岸」に立つ「高貴な人」である。

ところで一体ひとりの人間のできの良さというのはどんな点をさしていうのか？　できの良い人間はわれわれに良い感じを与える、彼は堅いと同時にしなやかでよい匂いのする木で彫られている、という点をさすのである。……彼は自分が見たり聞いたり経験したりしたすべてのものを彼なりに集計してその答えを出す。もちろんその場合、彼自身が選択の原理になり、多くのものを選外に落とす。彼が書物に交わろうと、人間に交わろうと、風景に交わろうと、彼はいつも自分の仲間の中にいる。つまり彼は、自分が選択し、自分が承認し、自分が信頼することによって他に対して敬意を表するのである。……彼は「不幸」だとか「罪」だとかいうものがあるとは信じない。つまり彼は自分に関しても他人に関しても、ちゃんと決着をつける。忘れるというすべを心得ているからである。――要するに、彼はじつに強健で、彼の手にかかるとなんでもが最も良きものにならざるをえないのである。（ニーチェ 1994b：25-6）

［注］

（1）ニーチェが「優等生」だったのは必ずしも伝記的な事実にとどまらない。キリスト教道徳批判をくりひろげたニーチェは、同時に、キリスト教の最善の遺産を継承する「良きヨーロッパ人」としての自負をもっていた。「われわれは良きヨーロッパ人である。ヨーロッパの相続人、幾千年にわたるヨーロッパ精神の富裕な、蓄積された財宝を有つところの、しかもありあまる義務を身に負うた相続人である。こうした者としてわれわれは、キリスト教の手におえないほどに成長し、キリスト教を嫌悪するまでになっている。それとて、われわれがキリスト教から成長してきたからこそなのであり、われわれの先祖が、おのれの信仰のためとなら財産も生命も地位も祖国をも犠牲に供するを辞さなかったキリスト教徒――キリスト教のひたむきな誠実を身につけたところの――だった、からこそなのだ（ニーチェ 1993b : 448）。

（2）ダナ・ヴィラはフーコーがニーチェの主体批判を現代化したことを的確に指摘している。「ニーチェによる「畜群」と民主主義の関連づけ、そして闘技的美徳をめぐる貴族主義的な捉え方を思えば、彼の「責任ある主体」への批判がその後長く無視されてきたのは驚くに値しない。フーコーの『監獄の誕生』の登場がこの状況を一変させた。フーコーは近代国家が「権力の微視的テクノロジー」の増殖を通して「従順な主体」をつくりだすことを示した。きわめて自覚的に、フーコーは民主主義の時代のための『道徳の系譜学』を提供し、権利と規律が同じコインの両面であることを示そうとした。フーコー的な観点からすれば、私たちのもつ一見して大きな自由はさまざまな規範の従来以上に深い内面化を覆い隠しているのである。実際、私たちの自由は私たちが「自己監視する」主体となることによってのみ可能なのである」（Villa 2000 : 230）。

（3）竹田青嗣はニーチェの平等主義批判を平明に解説している。「ヨーロッパの歴史では総じて……大多数の人間のルサンチマンを巧みに組織したもののみが支配者となりえた。このため社会全体が潜在的にはルサンチマンの量を増やしつづけ、しかもそれを打ち消すために一種の平等主義を強く押し出すという性格をいっそう濃くすることになる。この平等主義、平均化の思想は、一方で他人の幸福を妬む心性、他人がより積極的により大きなエロスを味わうことを許したくないという心性の、現実的な制度化を意味する。もう一方でそれは、隙さえあれば自分こそが上に立ちたいという競争機会の制度化を意味する。こうして近代的な平等主義は、総体としてますます人間の「凡庸化」の制度となるのである」（竹田 1994：145–6）。

（4）ニーチェは反ユダヤ主義者でも人種純潔主義者でもない。むしろ当時のドイツやヨーロッパにおける民族的多様性の拡がりを歓迎し、反ユダヤ主義者をルサンチマンの徒として忌避していた。「ニーチェが反ユダヤ主義に対して批判的な立場をとったことは、あまり知られていない。彼がパウロをはじめとする原始キリスト教団のユダヤ人を痛烈に罵倒していることを思うと、確かにこれは少々意外ではある。しかし、よく調べてみると……近代のあるいは同時代のユダヤ人に対しては、むしろ好意的な発言の方が目につく。……総じてニーチェは、ドイツ人の社会に異質な才能をもったユダヤ人が入りこむのを、望ましいことと考えていたようである。……彼は反ユダヤ主義者との交際もつとめて避けていた。妹エリーザベトの結婚式（一八八五年）にも出席していない。結婚相手のフェルスターが狂信的な反ユダヤ主義者にしてワグネリアンであり、しかも結婚式がわざわざワーグナーの誕生日を選んであげられたからである。しばしば指摘されるように、ニーチェの思想にはワーグナーのそれと同様、確かにナチスのイデオロギーを先取りするものが少なくない。しかし、敢えてニーチェの名誉のために言っておくが、ホロコーストに関しては彼は何の責任も負っていない」（三富 2000：137–9）。

（5）晩年のニーチェには「人類を改善する」のための「大いなる政治」への夢想が脳裏をよぎったが、それらを書きつけた断片は彼自身の手で公表されることはなかった。ニーチェの精神崩壊後に、妹のエリーザベトがこれらの断片を含む大量の遺稿に恣意的な編集を施して『権力への意志』という書物として公刊したこと、また、これがナチスによって利用されたことはよく知られている。ニーチェの「新しい貴族」における「複数性」「多種多様性」の強調は、政治思想あるいは政治哲学的な文脈では、「人間存在の複数性」を深く洞察したハンナ・アレントの『人間の条件』に継承されている（アレント 1994）。ニーチェは大衆民主主義を批判したが、それは民主主義それ自体の否定ではなく、むしろアレント的な闘技的民主主義（agonistic democracy）への道を拓く試みとして受け止めることができる（Villa 2000）。

第二章　「末人」とその他者

1　他者にぶつかる

一九九〇年代からだろうか。「他者と出会う」という言い方をよく耳にするようになった。そこには道徳的な響きがあり、「他者に出会う」のがよいこととされ、「他者に出会えない」のはよくないこととされている。だが、ふと疑問に感じることがある。――「他者」とは本来「出会う」ものなのだろうか。たんに「出会う」だけなら、「他人」で十分なのではないか。「他者」とはむしろ「ぶつかる」ものなのではないのか。はじき飛ばされるような衝撃が走ってはじめて、そのぶつかった相手を「他者」と呼ぶのではないか。

まずは、言葉づかいの問題から始めよう。「他者」とよく似た言葉に「他人」がある。この二つはどう違うのだろうか。一見すると違いは明快である。「他人」は自分以外の人のことだから人間に限られるが、「他者」は自己以外の存在者のことだから人間に限定されない。「他者」には動物、妖怪、神、悪魔なども含まれる。「他者」は他の人間だけでなく他の身体を指すというわけである。とはいえ、この違いは人文社会科学の世界ではあまり大きな意味はない。ほとんどの場合、「他者」は人間同士の関係性を論じる文脈で語られ、動物や神や悪魔や妖怪を指すことはあまりないからである。

それではなぜ「他人」ではなく「他者」が好んで使われるのだろうか。「他人」がたんなる日常語にすぎないのに対して、「他者」は欧米語（the other, das Andere, l'autre など）から翻訳された学術用語風の響きをもつからだろう。実際に、「他者」という言葉はおもに学術、思想、文化評論などの世界に頻繁に登場する一方、家庭の食卓、町の居酒屋、団地の井戸端ではほとんど聞かれない[1]。現代日本で多用されるようになった「他者」は、明治期の「恋愛」がそうだったように、知的な香りのするお洒落な流行語にとどまっているようだ。公的な言説において「他人」を「他者」といいかえようとする風潮の背後には、かつて柳父章が「翻訳語のカセット効果」と呼んだ衒学的価値が潜んでいるのかもしれない（柳父 1978）。

とはいえ、ここでの主張は「他者」をやめて「他人」に戻ろうというのではない。「他者」という言葉を「他人」ではどうしても言い表せない何かのためにとっておきたいということだ。隣近所の知り合い、職場の男女、外国から来ている人びと、多種多様なマイノリティの人びと、少し独特な雰囲気をもつ人びとも含め、みんな「他人」で十分ではないだろうか。「他者」という言葉は、その人と邂逅するとどうしても「他人」ではすませられなくなる存在、「他人」一般にはない確かな他性の手触りを感じさせられる誰かのためにこそ使いたい。そう思うと、「他者に出会う」という表現の平板さが気になってくる。やはり「他者」は「出会う」ものではなく、「ぶつかる」ものなのではないか。たとえば、初めて会って握手したその瞬間、地面にねじ伏せられた。愛想笑いの社交辞令を言ったら、氷のような沈黙が返ってきた。あるいは、逆に笑い飛ばされていた。こんな感じの、「他」の存在の充溢を身をもって思い知らされる相手、それを「他者」と呼びたい。出会うとはじき飛ばされるような相手、「理由もなければ条理も斟酌も口実もない」のに、不意に目の前に立ち現れる相手、自分が死すべき一個の身体であることを思い知らされる相手（ニーチェ 1993c : 466）。その人に会うことが、「人に会う」ことでなく「事件に遭う」ことであるような、そういう人を「他者」と呼びたいのである。(2)

この「他者」はまた別の意味でも「他人」とは異なっている。日常語の「他人」には、「他人行儀」「アカの他人」「兄弟は他人のはじまり」などの慣用句に見られるように、「身内でない」「自分とは関係がない」「よそよそしい」といった意味合いが含まれている。興味深いことに、「他者」はこうした意味での「他人」を意味しないばかりか、むしろその対極を指し示す。なぜなら、「他人」が逃げ去っていくのに対して、「他者」はぶつかってくるからである。「他者」の衝撃は「他」の名状しがたい存在の手応えをもたらし、それが自己の存在を目覚めさせる。だが、「他人」の感触は「しょせん他人はよそよそしいのだ」という感傷をもたらす。「他者」はぶつかってくるが、「他人」は逃げ去っていく。その意味で、「他者」は「他人」よりもはるかに身近で切実な存在でもある。「他者」との邂逅は生きた身体と身体のぶつかり合いをもたらすからである。(3)

以下では、このような「他者」のイメージについて、あるいは、「他者とぶつかる」という出来事について、北野武監督の映画『ソナチネ』（1993）と村上龍の小説『五分後の世界』（1994）を中心に考察してみたい。

2　存在論的な異物――『ソナチネ』から

北野武監督の第一回作品に『その男、凶暴につき』がある。冒頭は横浜のホームレス襲撃事件（一九八二年）を思わせるシーンである。夜の公園で、少年の一団が一人のホームレス男性をしつこくこづき回している。様子を見ていた刑事・我妻（ビートたけし）が少年の一人を家までつけていく。立派な洋風の家である。玄関で警察手帳を見せた我妻はそのまま階段をのぼり、少年の部屋のドアをノックする。母親が来たと思った少年は「うるせーなー」と悪態をつく。もう一度ノックすると、いやいやドアを開けて顔を出す。瞬間、少年は顔面を殴りつけられ、部屋のなかに押し戻される。ドアが閉められ、さらに数発殴られ、「俺やってねーヨー」と言い逃れする少年に、重く鈍い頭突きがくわされる。恐怖に青ざめ、泣き出す少年をのこして、我妻は何事もなかったかのようにドアをしめ、階段を降り、外に出ていく。

ひ弱で神経質なわがまま息子、子どものことをよく知らない「やさしい」母親、トレンディドラマ風の白いマイホーム、どれも現代日本の中流市民生活そのものである。だが、ビートたけし扮する刑事・我妻は違う。無口で強く、残酷で爽やかな、日頃見かけない男である。彼にあっては、ニーチェが思い描いた古代の征服者たちのように、行動が「理由もなければ条理も斟酌も口実もな」く突発する（ニーチェ 1993c：466）。「その男」からは現代日本の中流市民に対する「他者」の存在感が伝わってくる。その後の北野武監督・ビートたけし主演の作品『3－4×10月』や『ソナチネ』も、こうした「他者」の印象を強めることになる。

阿部嘉昭は北野武の映画が「テレビ的同一性」の世界に新たな「他者性」を導入したことを高く評価する（阿部 1994）。テレビ番組の世界は巨大な同一性の場であり、出演者には何よりも場の雰囲気をこわさないことが要求される。ワイドショーやヴァラエティ番組に見られるように、出演者はこの同一性のルールの枠内で他の出演者との差異化を図り、視聴者に親しまれる「個性」を出していく。逆にいえば、ルールを守れずに同一性の場から浮き上がってしまう出演者は「劣った存在」とみなされ、すぐに淘汰されてしまうことになる。その内部でささいな差異化の競争が日々行われていく、巨大な同一性の場としてのテレビ世界。それはニーチェが一九世紀末に予見していた「末人」の世界に通じる、現代的大衆社会の縮図でもある。「かれらはたがいにまるく、おさまり、あたりがいい。砂粒どうしが、まるくおさまり、あたりがいいようなものだ。……結局かれらがひたすら望んでいることは、一つである。誰からも苦痛を与えられないということだ。そこで先廻りして、だれにも親切をつくすというわけだ」（ニーチェ 1970：42）。

阿部嘉昭によれば、ビートたけしはテレビ世界の性格を知りぬいて、その場にふさわしい身ぶりを演出してきた（阿部 1994）。彼はテレビに「他者」の居場所がないことをよく知っているため、テレビ的な身体の行動規範に逆らうことはしない。ヴァラエティ番組のたけしはその場からけっして浮き上がらない。彼の身体からはかすかな危険の匂いがしたが、あぶなさが出そうになると、反射的にそれを知らせるしぐさが出る。照れ笑いや一瞬の首ひねりがそれである。そのおかげでテレビのビートたけしは安心して見ていられたし、また、かすかに点滅する危険性ゆえに他のタレントに対する卓越を感じさせてもいた。

ところが、監督・北野武は俳優・ビートたけしを使って「そうした同一性の桎梏から一気に跳躍する」（阿部 1994 : 18）。すでに映画やテレビドラマでの一連の犯罪者やヤクザ役にその予感があり、照れ笑いや首ひねりに象徴されるテレビ的な身体を抑え、無表情なモノとしての凄みを見せる演者たけしが生まれていた。だが、それを決定的にしたのは自らが監督・主演した映画においてである。阿部が鋭く指摘するように、監督・北野武は『その男、凶暴につき』に始まる自作映画においてテレビ的身体としてのビートたけしを封印し、「俺はモノだ」という徹底した即物的思考によって、映画のなかに「他者」の肉体を導入する。すでに指摘したように、阿部のいうテレビ的同一性とは現代日本の大衆市民社会そのもののことである。誰もがさしさわりのない「市民」のお面をかぶり、テレビの出演者の照れ笑いを模倣している。誰もが大衆市民社会という巨大な同一性の場から浮き上がることを恐れている。そうした擦り切れた感性に対して、北野武の映画は静寂と暴力をもって衝撃を与える。まさに卓越したテレビ人だからこそ、映画における「寝返り」が衝撃をもつ。北野映画はテレビへの批評であると同時に「現代社会」への批評でもあるのだ。

映画『ソナチネ』の一場面を見てみよう。関東ヤクザの幹部・村川（ビートたけし）は沖縄での抗争に助っ人として送り込まれる。実は村川は罠にはめられたのだが、抗争は激化し村川の身が危なくなる。行き場を失った彼はしばらく人目につかない海辺の古い民家に身を潜めることになる。そんなある日、手持ちぶさたな若い舎弟、ケン（寺島進）と良二（勝村政信）が広い砂浜で遊んでいる。互いの頭に空き缶をのせピストルで撃ち合う「ウィリアムテルごっこ」に興じている。そこに村川がやってきて、じゃんけんで「ロシアンルーレット」をしようと言い出す。ケンが二回続けてじゃんけんに負け、そのつど村川は笑いながらケンの胸に銃口を向け、引き金をひく。最後に村川が負けると、自分の頭に銃口をつけて引き金をひく。その間、村川は不思議な笑顔を崩さない。

阿部が指摘するように、村川＝たけしのこの笑顔は理解しにくい。それは通常の理解を超えた「存在論的な異物」としてある。「単なる笑顔以上の意味を背後にもたないために、すなわち過不足なく笑顔それ自体である」ために、逆に異様に強い印象を与えるのである（阿部 1994: 174）。ケンと良二は引き金がひかれるたびに顔がひきつり、空砲と知って安心するという、予想通りの反応をくりかえす。彼らが死への恐怖に支えられた現実世界に属していることは明白であり、観客も安心して見ていられる。ところが、笑いながら自分の側頭部に銃口を突きつけ、そのままの笑顔で引き金を引く村川＝たけしは、どこか現実を超えた世界にいるように見える。この「ロシアンルーレット」の場面は通常の肝試しゲームの域をはるかに飛び越え、観る者に異次元の不安と戦慄をもたらす。道徳的な意味づけから自由な、ただそれ自身に等しいような身体のもつ強烈な存在感。それこそが北野映画が喚起する鮮烈な「他者」のイメージではないだろうか。

この『ソナチネ』の場面について、観客がどんな印象をもつのか、大学生を対象に調べてみたことがある。村川＝たけしの身体と表情に注目するよう指示した上で、「ロシアンルーレット」を含む一五分ほどのシークエンスを二回くりかえし上映し、すぐに印象を書いてもらう。(4) 学生たちの感想では、ビートたけしの演技をめぐる否定的な意見が少なくなかった。「だるそう、つまんなそう」「落とされる」「ブルーになる」「暗すぎて疲れる」などの不快感のほか、「俳優たけしは嫌い、へた」「わざとらしくて興ざめ」「天分であるお笑いで頑張って」「本業でがんばって」など、日頃テレビで親しんできたお笑い芸人・ビートたけしとの落差に戸惑っている様子がうかがえる。しかし、他方では、村川＝たけしの身体や表情に不思議な魅力を発見し、そのただならぬ存在感に惹きつけられたという学生も少なくない。その不思議な存在感は「モノのよう」「自分というものをおきわすれた」「大胆不敵で物事に動じない」「精神がどこかへとんでしまっているような」「自分の死と他人の死との境目がない」「意志というものがなくなにかが〈むきだし〉に置かれている」といった言葉で表現されている。こうした学生＝観客の印象記述に照らしてみると、阿部の言う「存在論的な異物」という形容がけっして誇張ではないことがわかる。そこには、まぎれもない「他者」の衝撃が感得されている。

この「他者」が「他人」一般ではなく、大衆社会の「一般市民」に対する「他者」であることはいうまでもない。一般市民は社会的に有用とみなされる仕事や役割に就き、道徳的にも適切とみなされる範囲で私生活を楽しんでいる。平凡で退屈かもしれないが、それなりに健康で幸福であり、「人並み」の自分に多かれ少なかれ満足している。とくに富裕でも貧困でもなく、あえていえば「中流」である。自分と家族の「健康」と「安全安心」を第一に考え、横並びのルールや道徳を好み、危ないことには近づかない(5)。

こうした多数派市民の姿は、すでに指摘したように、ニーチェが『ツァラトゥストラはこう言った』で予言していた「末人」を思い起こさせる。「末人」たちは「貧しくもなく富んでもいない」。彼らは「だれもが平等だし、また平等であることを望んでいる」。また、「病気になることと不信の念を抱くことは、かれらにとっては罪と考えられる。かれらは用心深くゆったりと歩く」。そして「かれらはやはり働く。なぜかといえば労働は慰みだから。しかし慰みがからだにさわらないように気をつける」（ニーチェ 1967：23-4）。

ニーチェによる「末人」の描写には「大衆」批判が投影されているが、彼の言う大衆」は当時の貧しい農民や労働者からなる下層民衆ではなく、多くの知識や教養を身につけた小市民、いわゆる「教養俗物」であったことを確認しておこう。だからこそ「末人」は「洗練された人たち」と呼ばれ、「かれらは賢く、世の中に起こることならなにごとにも通じている」と言われている。「「むかしは世の中は狂っていた」とこの洗練された人たちは言い、まばたきする。……そして何もかもかれらの笑い草になる。やはり喧嘩はするものの、かれらはじきに和解する、――さもないと胃腸を害するおそれがある」（ニーチェ 1967 : 24)。ニーチェの「末人」と同様、現代の一般市民もけっして「無知な下層民衆」ではない。むしろ「賢く」「洗練された」人びとである。(6)

こうした一般市民に対する他者とは、さしあたり「一般市民ではない人びと」「一般市民社会から排除されている人びと」を指すだろう。それは、一般市民社会の内側で目線を水平にしたときに出会う「水平面の他者」である。彼らは一般市民と違って「普通でない」仕事につき、安心安全な日常生活を大切にせず、不真面目で浪費的な世界に生きている。見た目や雰囲気からしても変わっている。法律や市民道徳を小馬鹿にするようなところがあり、平凡な安全安心を軽視して暴力やドラッグやセックスをもてあそびかねない人びとである。マスメディアの言葉遣いを見る限り、「一般市民でない人」とは典型的には「ヤクザ」「犯罪者」「変質者」、境界的には新興宗教、芸能人、風俗関係者などだろう。こうした水平面の他者は、テレビではニュース画面の犯罪者、不倫やドラッグに手を出した有名人としてよく登場する。ヤクザや犯罪者を好んで演じた俳優・ビートたけしの場合も、その他者性はあくまでも水平面の他者性であった。ただ、そうした他者は見た目や生きる世界は違っていても、一般市民と「同じ人間」であることは確信されている。非一般市民とて「同じ人間」であることを疑う人はいない。一般市民は「セレブ」にしろ「脱落者」にしろ、一般市民に親しまれているのである。つまり、一般市民と表裏一体の関係にある。

ところが、『その男、凶暴につき』に始まる北野映画に見られる衝撃的な「他者」は、一般市民が同一化することが難しい存在である。それは「同じ人間同士」という確信さえ吹っ飛ばされてしまうような絶対的な異物性を帯びるため、もはや「水平軸の他者」の概念では捉えることができない。この「他者」はむしろ、一般社会のなかにいて目線を垂直に上げたときに初めて遭遇するような「他者」、いいかえれば、「垂直軸の他者」であろう。事実、前述の印象調査でも書かれていたように、『ソナチネ』の村川＝たけしはまったく「ヤクザっぽくない」だけでなく「ヤクザに似合わない」。にもかかわらず、名状しがたい「他者」のオーラを放っている。この「垂直軸の他者」が体現するのは勤労に対する浪費、善に対する悪、生に対する死のイメージなのではない。むしろ、勤労と浪費、善と悪、生と死という対立そのものを無効にし、あるいは超え出てしまう超道徳的な身体のイメージである。まるで「モノのよう」「自分の死と他人の死との境目がない」「精神がどこかへとんでしまっている」と形容される村川＝たけしの身体は、文字通り「存在論的な異物」としての「垂直軸の他者」を指し示しているのではないだろうか。

3　プライドに輝く日――『五分後の世界』から

垂直軸の他者のイメージは、村上龍の小説『五分後の世界』（1994）でも鮮烈に描写されている。小説世界に内在しながら、さらに考察を進めてみよう。

「五分後の世界」の日本は現在とは五分ズレた時間に存在している。このズレは日本が先の戦争で降伏せずに最後まで戦ったことから生じている。連合国によって分割占領された日本列島には大量の移民が送り込まれ、全土はすっかり植民地化されている。その代わり、本州中央部の地底深くに新たに建設された「地下日本国」が巧みな外交と通商を展開して全世界から尊敬を得ている。平和な現代日本とは五分ズレた時空に、総人口をわずか二六万人まで激減させながらも、連合国相手に苛烈なゲリラ戦を展開しているもう一つの日本がある。

小説では、一人の男（小田桐）が磁場の狂いからこの世界に迷いこむ。小田桐は少年時代に家出して以来、凶悪犯罪以外なら何でもやって生きてきたが、三十代半ばの頃にアダルトビデオの会社を作って一もうけする。バブル崩壊で会社はつぶれたが他人名義で買っておいた不動産があり日々の生活に不自由はない。その小田桐は一九九四年の五分ズレた地下日本で、「国民ゲリラ戦士」の姿を目の当たりにする。彼はその姿に驚嘆させられる。元いた世界の人間とはまるで違っているからだ。

まず、身体の動きが違う。信じられないほど速やかに移動し、往年のペレのようにスムーズに動きまわる。そこには「一ミクロンも余分な動きがない」。「現れて、人を殴りつけ、銃を構え、去る」。それらの動作は圧倒的に滑らかで「完璧なダンサーのよう」だ。また、全身から意志を発している。それは「何らためらうことなく撃つ」という意志、「ルールが破られれば一ミリグラムのためらいもなく考えられる限り最もシンプルな方法で実力を行使する」という意志である（村上 1994 : 6–12）。実際、彼らは隊列を乱し規則を破った者は容赦なく殴り処刑する。さらに、顔つきが違う。それは、意志的で禁欲的な、「眉一つ動かさずに人を傷つけたり殺したりすることができる」顔である。そして、目が輝いている。「真剣で、イノセントで、ある部分はひどく老成し……じっと見つめられるとこちらが気恥ずかしくなるくらい目が輝いて」いる。彼らの目はプライドに輝いている。小田桐がもといた世界ではこんな顔をした人間はいなかった（村上 1994：100–101）。

ダンサーのように滑らかに動き、全身から意志を発し、目がプライドに輝いている。これは兵士だけでなく、「地下日本国」の「国民」全体の特徴である。中学生の一団は地下で暮らしているため顔色は白いが、男女とも「肩とかしりとか足の筋肉がよく発達してしかも締まりがある……手足がしなやかで手首や足首がキュンと締まっている」。五分前の現代日本であれば全員がスポーツ選手のような身体をしている。小田桐は、こんな子供たちに出遭うのもはじめてだった（村上 1994：112）。

若い女性の場合はどうだろう。小田桐は二八才のマツザワ・アヤコ少尉に心をひかれる。彼女は「ベージュの帽子、シャツ、スカート、踵の低い黒い革の靴、髪は短く、爪もきちんと切ってあって、化粧気はない」。「かすかに石鹸の香りがして……大映とか東映の白黒の映画に出てきそうな」顔立ちをしている。思わずふり返るような美人ではないが、「化粧や、喋り方や一つ一つの仕草に、女の属性や特性を強調したり、媚を示すところがまったくないので、逆に種としてのメスだけが持つ柔らかな何か、感触や匂いや分泌物などを抽象化した何かが漂って」くる。小田桐はなぜか彼女の顔を直視することができない。「表情の一つ一つが、スプーンを握るマニキュアのない指の一本一本が魅力的で、なまめかし」く、その声は「こもっていて、柔らかい……耳にまとわりつくような、なまめかしさがある……聞いているだけで気持ちがよく」なる。思わず組んだ脚に目がいく。「ストッキングをはいていない……ふくらはぎがきれいなカーヴを描き、ひきしまった足首をへて黒の平凡な革靴に吸い込まれている脚」に胸が騒ぐ（村上 1994 : 127–141)。

小田桐は「国民ゲリラ兵士」やマツザワ・アヤコのような人間を見たことがなかった。なぜなら彼は、当然のことながら、もといた世界の人間しか知らなかったからである。では、その五分前の世界、現代日本の人間はどんな人間なのだろう。まず、動作がだらだらしている。「運転免許の交付窓口や市役所の市民課のカウンターのようなだらけた雰囲気」が蔓延している。また、身体から意志というものが感じられない。誰もが自分の意志というものをもたず、いつもまわりの目をうかがいながら生きている。

軍の取調官から事情を聞かれた小田桐は思わず饒舌になる。「オレがもといたところはみんなひどいおせっかいで、とんでもねえお喋りなんだ、駅で電車を待ってると、電車に近づくな、危ないから、なんて放送があるんだぜ、電車とホームの間が広くあいてるから気を付けろっていう放送もある、窓から手や顔を出すなってことも言われる」。「放っといてくれっていってもだめなんだ、自分のことを自分で決めて自分でやろうとすると、よってたかって文句を言われる……誰もがみんな言いなりになってるんだよ」。「要するに一人で決断することができなくておっかねえもんだから、あたりを窺って言いなりになるチャンスを待ってるだけなんだよ」。さらにまた、もといた世界の日本人は身体つきも違っている。彼らは「キャバレーのボーイみたいに尻が小さくて蹴りを入れると折れそうな腰をしているか、スポンジや風船みたいなブヨブヨの、締まりのない肉の持ち主」で「養殖魚とかブロイラーとかそういう類の肉」をしている（村上 1994：102–12）。[7]

とはいえ、こうした現代日本の市民大衆も小田桐が「地下日本国」で見聞する一群の人びとと比べればまだマシなのだ。「五分後の世界」では少数の「国民」エリートの下に、彼らに憧れる多数の「準国民」がおり、その下には無数の「非国民」がいる。マッザワ少尉の父親の語るところによれば、「非国民」たちは日本語を話すが内面も外見ももはや日本人ではなくなっている。生きて行けさえすれば何にでもすがる半動物的な存在になり下がっているらしい。小田桐が「地下日本国」で実際に出遭った「非国民村」の男はボロボロの外套を着て奇妙な表情を見せる。明治時代初めの頃の写真に出てくる日本人に似たところがあるが、目つきがまったく違う。その男の目は「追いつめられて何をするかわからないネズミのような、怯えきって、恥にまみれた目」だった（村上 1994：222）。

そのとき小田桐は「地下日本国」での戦闘中に撃たれた敵軍兵士の姿を思い出す。股間を吹き飛ばされた兵士は一瞬、奇妙な表情をみせる。それは「怒りとか恐怖とか苦痛とか悲しみとかそういうものではない、何かに許しを乞うような、自分の罪と弱さを認めたような、恥にまみれた」表情だった。ボロの外套を着た男の目は、まさにこの「恥にまみれた」目だったのだ（村上 1994：79）。それだけでなく、「オールドトウキョウ」の地下にあるスラム街はさらにひどい状態になっているという。そこでは「退化した人間たち」が無数の鼠に混じって棲息しているらしいのである。目撃者の音楽家ワカマツはこう語る。「これはものすごいよ。人間とはいえないかも知れない、退化してるんだ、もちろん視覚は失われているし言葉を喋れない……攻撃性はなくて地面に落ちたナマケモノのようにグニャグニャと這いつくばって生きてるんだけど光が嫌いらしくてライトを当てると恐がって声を出すんだ、あんな声が人間から出るなんてそれまで想像したこともなかった、その声を聞いた後何十回と夢の中に出てきてうなされたよ、二度と聞きたくないね……生きる意志を根こそぎ奪ってしまうような声だった、恐怖というより、恥、みたいなものにまみれた声でね、ネズミの鳴き声の方がはるかにましだよ・・・」(村上 1994 : 166–7)。

先の『ソナチネ』をめぐる「他者」概念の考察に戻ろう。小田桐は「五分後の世界」に迷いこむことで、初めて強い意味の「他者」にぶつかり、その衝撃をまざまざと体感することになった。「ゲリラ戦士」をはじめとする「国民」はその強い意志と誇りにおいて「他者」であり、「非国民」をはじめとする荒廃した村人たちはその「恥にまみれた」目において「他者」である。両者はともに小田桐が親しんできた現代の一般社会にも(またその裏側にも)属してはいない。小田桐にとって「地下日本国」の「ゲリラ戦士」ははるか高い天空に、「退化した人間たち」は底知れぬ深淵にいる。「真剣で、イノセントで、ある部分はひどく老成し……じっと見つめられるとこちらが気恥ずかしくなる」兵士も、「地面に落ちたナマケモノのようにグニャグニャと這いつくばって……恥、みたいなものにまみれた」スラム住民も、ともに彼と「同じ人間同士」とは捉えられてはいない。これらの人びとは小田桐がかつて属していた一般社会の向こう側ではなく、その上方あるいは下方に存在している。つまり、「垂直軸の他者」なのである。

生きる意欲は上方の「他者」によってかき立てられ、下方の「他者」によって萎えさせられる。「五分後の世界」では、両者が隔離されつつ並存している。小田桐はもといた世界へ帰還する途中、激しい戦闘にまきこまれ、重傷を負ったゲリラ戦士とともに絶体絶命の状況に追い込まれる。そのとき彼のなかに生きようとする意欲がこみ上げてくる。「生きのびるぞ」と彼は思う。「オレも死なないし、こいつも死なせない」。瀕死のゲリラ戦士から時間を聞かれた彼は「九時十三分だ、と答えてから、時計を五分進めた」(村上 1994 : 253)。小田桐は「五分後」の世界にとどまり、ゲリラ戦士として新たに生きることになる。

4　垂直軸の他者と至高性

「垂直軸の他者」は一般市民社会という平面の「上方」(あるいは「下方」)にいる。ここで「上方」(あるいは「下方」)という表現から、ともすれば歴史的に存在した身分的ヒエラルヒーが連想されるかもしれない。しかし、「垂直軸の他者」は前近代的な身分制度とは関係がないことを確認しておきたい。そのためには、ニーチェの「超人」を人間の普遍的体験として捉え直したバタイユの「至高性」概念をふり返っておく必要があるだろう(8)。

バタイユによれば、至高性とは「何ものにも従属しない生の輝き」である。それは将来のための労働や秩序のための道徳、さらに死への恐怖に従属しない「瞬間の君臨」を意味している。いいかえれば、

「現在という時を、その現在という時以外にはなにものも目ざすことなしに享受する」ことである（バタイユ 1990 : 11）。誰もが知るように、至高性はかつて王侯貴族を頂点とする身分秩序のなかに体現されていた。そこでは、すべての人びとのもちうる至高性が特別の王や君主をはじめとする例外者の身体に凝集され、その身体からの距離の遠近に従って身分秩序が形成されていた。バタイユはこの伝統的な至高性を「われわれの不器用さ」に由来する人類のまわり道だったと考えている（バタイユ 1990 : 71）。バタイユは人間的生にとっての至高性の体験の必然性を主張する一方、それが必ずしも王権や身分という社会制度の形をとる必要はないことに注目した。バタイユの眼差しは王権や身分制度によらない現代的な至高性の在り方に注がれている。

フランス革命は新たな主権者である「国民」の名によって王権を廃止し、伝統的な至高性を正面から打ち破った象徴的な出来事である。しかし、王権を倒したとはいえ、人びとは自分自身の至高性を「自分自身の負担において再発見するすべは知らなかった」。「制度化された至高性を拒み、投げ捨てた社会においても、そうかと言って個々人の至高性が与えられることになるというわけではない」のである（バタイユ 1990 : 102）。ポスト伝統的な「個々人の至高性」を現実化するためには、何よりもまず、人びとが自分自身の至高性を体験する可能性を自覚する必要があるだろう。そこでバタイユは、現代的な至高性を探究するに際して、政治制度の問題ではなく個々人のもちうる「体験」に注目した。「至高の力が、政治制度に由来するのではなく、至高性の体験に由来する」とみなしたからである（岡崎 2020 : 65）。この至高性の体験の可能性は、社会的な地位や身分、権威や権力とはまったく無関係に、すべての人間に開かれている。「至高性は本質的にあらゆる人間に属している」のである（バタイユ 1990 : 9）。

バタイユは、一日の労働をおえた晩に酒を楽しむ、貧しい労働者について語る。この日雇い労働者にとって、「少なくとも一杯のワインはある短い瞬間、自分が世界を自由に取り扱っているという奇蹟的な感覚」をもたらすことがある。また、この労働者が「ある春の朝、貧相な街の通りの光景を不思議に一変させる太陽の燦然たる輝きに」心打たれることもある。ここにも個人的な至高性の体験がある（バタイユ 1990 : 12）。そして、このバタイユの考察の思想的背景には、ニーチェが語った「黄金の櫂で漕ぐ貧しい漁夫」のイメージがある。「太陽は、その無尽蔵の富を傾けて、黄金を海にふりまく、――そのときは、最も貧しい漁夫までが、黄金の櫂で漕ぐことになる！　わたしはかつてこの情景を眺めて、心打たれ、涙をとどめるすべを知らなかった」（ニーチェ 1970 : 96）[9]。

興味深いことに、村上龍の『五分後の世界』もやはり至高性の問題に焦点をあてながら、その伝統的形態への回帰を拒否している。たとえば、「地下日本国」の軍隊では、敬礼や堅苦しい挨拶は一切なされない。階級や年齢にかかわらず無駄な敬語は使われない。軍司令官ヤマグチは絶対的な権威をもつが、その権威の由来は彼の階級や組織上の地位ではなく、彼個人のもつ「科学性」にある。「科学的な明晰さが空気の粒子となって」司令官ヤマグチを包んでいる。彼の発言には確実な裏づけがあるということが「雪に当たると冷たいというようなシンプルな体験として、どんなバカにでもわかる」。さらに、「地下日本国」は人種、民族、性別、階級その他のいかなる差別も存在しない地上で唯一の国家である。軍の幹部には旧植民地や旧被差別部落出身者も大勢登用されている。この国の小学六年生用教科書によれば、「すべての差別は、勇気とプライドのないところに、世界にむかって勇気とプライドを示そうという意志のない共同体の中に、その結束と秩序を不自然に守るためにうまれる」。勇気とプライドのある個々人からなる社会であってはじめて、出自や属性によるあらゆる社会的差別からの自由を実現できるのである（村上 1994 : 125–9）。

「垂直軸の他者」は一般市民社会の「上方」（あるいは「下方」）に存在するためか、多くの人びとの眼に入らず、素通りされてしまうことも少なくない。水平の目線に慣れきった人びとにとって、そこには天空（あるいは深淵）しか見えないからである。にもかかわらず、北野武の映画『ソナチネ』や村上龍の小説『五分後の世界』は、そこにまぎれもない「他者」が存在することを鮮やかに指し示す[10]。逆にいえば、作品のもつ力が観客の目線を水平方向から垂直方向へと変化させ、そこに他者を見いだすよう誘うのだともいえる。「末人」化する現代の市民大衆に衝撃を与えるのは、この垂直の目線そのものであり、またそれが誘う他者のイメージなのである。

[注]

（1）『広辞苑第七版』（岩波書店）では、「他者」は簡単に「自分以外の、ほかの者」とあり、これに学術用語の「他者性」の説明が追加されている。他方、「他人」の説明は「血すじのつながらない人。親族でない人」「自分以外の人」「その事に関係のない人。当事者でない人」とあり、これに日常用語の「他人行儀」「他人事」「他人づきあい」「他人丼」などが続く。各種の国語辞典でも「他人」は「他者」よりも手厚く説明されている。逆に、社会学や哲学・思想の事典類では「他者」の説明が手厚く、「他人」は取り上げられない。ただし、近年の人文社会科学には「他者」の語が浸透し、大学教育やマスコミ報道を通じて一般社会に拡散してきているようだ。

（2）文芸評論家の秋山駿は『信長公記』をもとにして、織田信長の人となりを「触れれば電流が撃つ、裸になった電極がそのまま起って歩いているよう」と記している（秋山 1996：285）。これこそ最大級の「他者」ではないだろうか。

（3）社会学的概念としての「他者」の中心にはまさにこの「逃げ去っていく他人」がいるように思われる（大澤 1994）。

（4）対象者は関西学院大学社会学部「文化社会学B」受講者、実施時期は一九九四年一〇月一九日、当日出席者は約二〇〇名であった。簡単なストーリーの説明をした後、「村川＝たけしの身体と表情に注目する」よう指示した。

（5）ここで「一般市民」「一般市民社会」という語は必ずしも社会科学の専門語として用いているわけではない。むしろ、犯罪報道でよく耳にする「一般の市民も巻き添えに」「市民社会にも銃が拡散」「一般社会にも麻薬が」などの表現にふくまれている日常的な社会的区分について言及している。なお、ここでの「一般市民」の特性記述は「末人」に関するニーチェ＝ツァラトゥストラの語り方を参照している。

（6）「末人」のモデルとしての市民大衆が社会の下層にいる抑圧された民衆ではないことにあらためて注目しておく

必要がある。かつてハイデガーもニーチェのいう大衆が階級概念ではなく、むしろ中流の教養市民層に近いことを強調していた。「ここで〈大衆〉というのは、下層の民衆という階級概念ではなく、ヴァーグナー崇拝を推進し支持していた教養俗物という意味での〈教養人士〉のことである。農民や、自分の機械世界に習熟している労働者は、そのような英雄気取りの大言壮語風を受けつけないが、荒廃した小市民はかえってそれを欲求しつづけるであろう」（ハイデッガー 1997a : 174）。なお、ニーチェが自らの仕事に熟達した農民や労働者たちへの敬意を語り、また、大衆市民社会から疎外された犯罪者や精神障害者などの少数者や例外者への共感を示していることにも注目したい。「今日では民衆のなかに、それも下層の民衆のなかに、とくに農民たちのもとにこそ、新聞を読むあの精神の売笑婦たる教養人たちにおけるよりも、ともかくもなお比較的趣味の高尚さと畏敬の風儀が見いだされうるかもしれない」（ニーチェ 1993c : 318）。

（7）物事を一人で決めることができず、つねに周囲の「みんな」の動きをうかがい、これに従おうとすること。そしてこれに同調しない人びとが集団的いじめの標的にされる傾向は、すでにニーチェも明確に指摘していた。「ある者は、自分をさがし求めているので、隣人のところへ行く。また他の者は自分を厄介払いしたいので隣人のところへ行く。要するにあなたの自分自身に対するうまくいかない愛が、あなたの孤独を牢獄に化しているのだ。あなたの隣人愛の犠牲になるのは、離れている人々だ。あなたがたが五人集まれば、いつも第六番目の者が人身御供にあげられる」（ニーチェ 1967 : 101–2）。

（8）バタイユはニーチェが至高性の概念を生き生きと把握しながらも、なおその伝統的形態へのノスタルジアを捨て切れずにいることを指摘した（宮原 1992）。ニーチェの「新しい貴族」は伝統的至高性を刷新する試みだが、ここでもバタイユのいう現代的至高性の概念が重要になると考えられる（岡崎 2020）。

（9）バタイユとニーチェが素描した労働者・生活者の至高な姿は、石牟礼道子『苦界浄土』が描き出した水俣の漁師たちの姿を彷彿とさせる。『苦界浄土』は水俣病という受苦の深みにおける至高性の輝きとその普遍性をあますところなく伝えている（石牟礼 2004）。

（10）『ソナチネ』の村川＝たけしにも「ヤクザの親分」という伝統的小至高者の雰囲気は希薄である。とくに、海辺の家に隠れてからの舎弟たちとの遊び三昧、浜辺での相撲遊びや戦争ごっこ、落とし穴のシーンなど、伝統的な権威者からはほど遠い。この遊びのシーンは「幼な子」の「遊びと創造の幸福」という、本書の後半で展開されるもう一つのニーチェ的なテーマへと私たちを誘う。

第三章　道徳と行為美学

1　「わざと」と「うっかり」

まったくの事故や不可抗力ではなく、誰か「他人のせい」で何らかの被害をこうむった場合、私たちはその相手を非難しないではいられない。その際、相手の行為が意図的になされたか否かによって、非難の程度は違ってくる。同じ程度に足を踏まれても、相手に「わざと」踏まれた場合の怒りは「うっかり」踏まれた場合の怒りよりはるかに大きい。だから、大事な約束をすっぽかされた場合、「わざと」なのか「うっかり」していたのか、つい問い質したくなる。もし「うっかり」だったのなら、不快ではあるが、相手に悪意はないのだ。そう強くは責められない。だが、「わざと」だったら、悪意が、いや敵意がある。これは絶対に許せない、となるだろう。

私たちは「わざと」を「うっかり」よりも強く非難する道徳感情を子どもの頃から身につけてきたよ

うに思う。他人に迷惑をかけて親に叱られたときも、それが「わざと」ではない場合は、「わざとじゃない」「知らなかった」「そんなつもりじゃなかった」などと必死になって言い訳をする。そして、親が「仕方ないね。でも、これからは気をつけなさい」と放免してくれることを期待する。そうでなければ納得がいかない。あまりしつこく叱る親を逆恨みすることだってある。そうした道徳感情が深く棲みついているのだろう。

だが、これはあくまでも表向きの話かもしれない。あらためて子どもの頃を思い返してみると、「いちいち言い訳するな」「もっと注意しなきゃダメだ」「悪いものは悪い」などと叱責され、「そういうものか」と納得させられた記憶がないわけではない。また、社会人の職業生活のなかでも、「ついうっかりではすまないぞ。ふざけるな！」という、激しい非難や軽蔑を目の当たりにすることがある。それは被害の結果が重大であるために、やりきれなさの感情が「加害者」にぶつけられるケースが多いが、それだけではない。「不注意だった」「うっかりしていた」「配慮が足りなかった」ということが、それ自体で軽蔑・非難の対象にされることもしばしばある。とくに社会的な地位や責任があり、日々の発言や行動において高度の注意力を期待される人びとの場合は、「不注意」や「配慮不足」それ自体が軽蔑・非難の対象になりやすい。

こうした「悪意なき失態」に対する嫌悪感情のうちには、一般的道徳とは次元の異なる倫理的評価が潜在しているのではないだろうか。そして、この倫理的評価は「道徳」というよりも「行為美学」と呼ぶ方がふさわしいのではないだろうか。行為美学の場合、その価値評価の基準は善悪ではなく美醜にある。どれほど善意の行為でも、そこに不注意、思慮不足、浅はかさ、落ち度があり、意図に背いた被害をもたらしたならば、それは醜い失態であり、軽蔑・非難の対象になる。逆に、どれほど悪意の行為でも、万全の用意と細心の注意をもって完璧に実行されたならば、それはそれとして尊敬・賞賛に値するものとされる。こうした行為美学は、学校の教科書や新聞の社説など公的社会の表層にその姿を現すことはない。けれども、実際の社会生活のなかでは無視できない存在感をもっている。公的な一般道徳と次元を異にするような行為美学が、もう一つの行為評価の観点として潜在しているのである。

ここで私は、このような行為美学を「わざと」と「うっかり」の違いに即して、できるだけ肯定的に考えてみたい。実は、私自身つい最近まで、「うっかり」が「わざと」より「わるく」評価される場合があることを明確に意識したことはなかった。漠然と一般的な道徳的感受性に従って、「わざと」のほうが「わるい」と考えてきたように思う。ところが、いくつかの身近な体験をきっかけにして、そうした脱常識的な行為美学の存在を意識し始めたのである。

そこで以下では、道徳とは次元の異なる行為美学の存在について、私自身の気づきのプロセスをふり返りながら考察を進めていくことにしたい。そこでは刑法をはじめとする現行の法律も視野に入ってくる。法律は日常語の「わざと」を「故意」、「うっかり」を「過失」として取り入れ、それぞれに異なった価値評価を与えているからだ。道徳的評価と法的評価は別物ではあるが、行為を評価する傾きにおいては深い親近性がある。行為美学は道徳的－法的評価と交叉しながら並存している。それはあたかも現代社会がメジャーな「道徳－法」の裏側にマイナーな「生存の美学」（フーコー）を潜伏させているかのように見える。こうした問題を身近で具体的なエピソードから始めて考察してみたい。

2 故意・過失の日常風景

ある研究会のあと、友人とビールを飲んでいると、ちょうどその日が彼の結婚記念日であることがわかった。早く帰らなくていいのかと気を利かすと、かえって彼の方から夫婦関係をめぐる打明け話を始めた。大略、次のような話である。

……一緒に住み始めて一年になるが、つくづく考えさせられることがある。妻にきついところがあるのはわかっていたが、細かなことに予想以上に手厳しいのだ。家事や何かでちょっとミスがある度に叱られて、まったく弁解を認めてくれない。僕は十年も一人暮らしでやってきたので、炊事洗濯も大体やれる。だから、進んで引き受けることもよくある。ところが、彼女は僕のやり方がいい加減だと言って怒るのだ。たとえば、洗濯物や布団をポールに干すと怒られる。雑巾でしっかり拭いてからにしろと言われる。ご飯を炊いて食事した後、杓文字をそのままにしておくと、これまたひどく叱られる。米粒がくっついてしまわないよう、水につけておけと言われる。僕は気ままな一人暮らしの習慣で、何度言われても、「ついうっかり」自己流でやってしまう。自分としては好きで家事分担しているつもりなので、あまり文句をつけられると、つい不愉快になる。「わざとやってるんじゃないんだから」「よかれと思ってやってるんだから」と、逆に腹が立ってくる。そんなことで、毎日のように喧嘩していたのだが、そのうち自分も謝ったり、弁解したり、怒ったりというのに飽きてきた。だんだん彼女のきつさは自分にとって案外ためになるのではと思えてきた。洗濯物が汚れるのは嫌だ、杓文字を洗うのが大変だとか、それもそうだろう。けれど、おそらく彼女はそれだけで怒っているのではない。何度注意しても、平気でミスをくりかえす無神経さ、「わざとじゃないんだから」と弁解し、開き直る根性が嫌なのだ。僕に悪意がないことはわかっているのだが、それとは別に、「ついうっかり」失態をしてしまう注意力の欠如、意志の弛緩、考えの甘さ、だらしなさを嫌っているのだ。そう思い返して、家事に細心の注意を払うようにし、叱られても言い訳しないように努力してみた。すると実際、ミスが目に見えて減ってきた。物干しのポールもしっかり拭くようになったし、使った杓文字は必ず水につけておくようになった。やればできるのだ。最近は家事だけでなく、仕事の上でも注意力が増してきたように感じる。今では、彼女こそ僕の意志の教育者ではないかと思えてきた。どこかで「悪意さえなければいい」と甘えていた自分を鍛え直してくれるのだから。……

話を聞きながら、私はこの友人に多少自虐的なところがあると感じた。また、パートナーを過大評価しているようでもあり、半分のろけてるなとも思った。しかし同時に、「わざと」と「うっかり」をめぐる彼の話には身につまされるものがあった。そうなのだ、「ついうっかり」はひどくダメなことなのだ。その意志の弛緩、考えの甘さ、生活習慣のだらしなさは、「わざと」やる悪意に勝っても劣らないくらいのマイナス評価に値するのだ。そう考えてみると、友人の話を離れても、日常生活のいたるところでこうした行為評価が口にされ、あるいは無言のうちに実践されているのに気づく。いくら「いい奴」でもだらしない人はダメ、いくら「わるい奴」でも腕の立つ人（いわゆる「凄腕の仕事師」）には魅力がある、などといった判断である。この友人とはそんな話で盛り上がり、彼の結婚記念日なのにずいぶん長く話し込んでしまった。が、彼は久しぶりに私と顔を合わせることを予想し、その場合の自分の行動を想像し、帰宅が遅くなる可能性をあらかじめ彼女に知らせていた。「ついうっかり」遅れたのではなかったのだ。

この友人との会合以来、私は「わざと」と「うっかり」の違いに敏感になった。仕事の約束時間に遅れそうになっている自分を省みて、「わざと」なのか「うっかり」なのか自問自答したりしている。「うっかり」遅れるくらいなら「わざと」遅れた方がましだと考え、「わざと」遅れたこともあった。「ついうっかり」と言い訳してしまったが。

そんなある日、家の近くの道を歩いていると、四輪駆動の大きなクルマが前方からかなりのスピードで直進してきた。運転席にいるのは若い女性で、右手に携帯電話をもち、大声で笑いながらしゃべっている。歩道のない、舗装のわるいデコボコの、小型タクシー二台がやっと行き交えるくらいの道を、右に左に揺れながら突っ走ってくる。危険を感じた私は、すれ違いざまに一瞬身をよじってクルマを避けた。その後、何ともいえない不快感とともに、このケータイ片手の運転者の、のっぺりとした笑い顔が私の脳裏に焼きつけられた。これは、よくあるニアミスではある。けれども、もし大怪我をしていたらどうなのだろう。いや、もし打ち所が悪くて死んでいたら・・・。もちろん、この人は「わざと」私を轢いたわけではない。ちゃらんぽらんな遊び気分でクルマを運転した結果、歩行者にぶつかり、打ち所が悪くて死亡させたことになる。彼女は「ついうっかり」人を轢き殺したのだ。刑法上の罪でいえば、「故意」がないから「殺人」ではなく、「過失」があるとされれば「過失致死」になるだろう。

そこで刑法の条文を見ると、「殺人」が死刑、無期懲役、または三年以上の懲役であるのに対して、「過失致死」は五〇万円以下の罰金である。これではあまりに罰が軽すぎるのではと驚き、学生時代に勉強した刑法の教科書をひろげてみた。すると、自動車事故の場合はほぼ例外なく「業務上過失致死」になり、刑は五年以下の懲役もしくは禁固または五〇万円以下の罰金になることがわかる。さらに、近年では危険運転防止を求める世論が高まり、新たに自動車運転死傷行為処罰法が成立している。「過失運転致死傷罪」では七年以下の懲役もしくは禁錮または一〇〇万円以下の罰金、「危険運転致死罪」では一年以上の懲役になる。やはり解釈の工夫や新たな立法によって刑罰を引き上げてきたのだが、それでもなお、「殺人」よりは格段に軽い。「わざと」なら必ず懲役になるのに、「うっかり」であれば罰金だけで済む場合もありうるのだ。「うーん、人を轢き殺しておいて、刑務所に入らなくてすむなんて！」と言いたくなる。私のなかで、仮想的な被害者としての復讐感情が動き出しているのだろう。「故意だろうが過失だろうが、人殺しは人殺しだ。殺された私、残された遺族はやりきれない。とにかく重く罰してほしい、苦しませてほしい」という感情。これはたしかに切実な感情ではあるが、やはり「過失」による加害に対する場合には、やや乱暴でエゴイスティックな感情に走っているとも思われる。そこで、もう少し冷静に考えなければ、と思い返した。

あらためて考えてみると、私はあのケータイ片手の運転者をとことん軽蔑していたのである。ただでさえ狭く危険なデコボコ道を、右手の電話でお喋りに興じながら、スピードをあげて走ってくる。何という「だらしなさ」。あの、のっぺりとした笑い顔が彼女の意志の弛緩を強烈に印象づける。こんな人間に「ついうっかり」「不注意で」轢かれるくらいなら、むしろ、ちゃんとした人間に「わざと」やられた方がよほどましかもしれない。たとえば、何かの理由で私という人間に強い怨みを抱き、私に危害を加えることに情熱を傾け、周到に機会をうかがってきた人にやられるのであれば話は違う。その場合は、ネガティブな形であれ、一つの行為が完遂され、この世界において何事かが「成し遂げられる」ことになるだろうから。

何を言いたいのかといえば、こういうことである。緻密な準備と訓練に裏づけられた確信的な行為は、それが実現した場合、その結果の悪性とは独立に、ある種の「行為の芸術品」としての価値をもつのではないか。これに対して、たんなる注意の散漫や意志の弛緩が引き起こす失態はいわば「行為の出来損ない」であり、その結果のもつ悪性に拮抗する価値をもちえないのではないか。「うっかり」や「過失」による被害がもたらす独特のやりきれなさは、こうした事情に起因するのではないだろうか。そして、その背景には意図通りにコントロールされた行為への敬意とコントロールできていない行為への軽蔑という、道徳的あるいは法的な評価とは次元の異なる、行為美学的な評価が潜在しているのではないだろうか。

こうして「わざと」と「うっかり」の問題にすっかり頭を突っ込んでしまった私は、もう一つ小さな事件に遭遇した。以前なら見過ごしていたのだろうが、そのときの物思いの流れからしばし考え込むはめになった。大学教師の多くが悩まされる、授業中の私語や呼び出し音である。私は春学期と秋学期に週一コマの大教室講義を担当している。ざっと二—三〇〇名ほどの受講生が出席しているが、学期終わりの七月と一月には人数が急に増えることがある。ふだんは出席していない学生たちが定期試験の情報集めにくるからだろう。見慣れぬ面々が、落ち着かない様子で後ろの方にかたまるため、どうしても教室がざわついてしまう。教師はざわつきを鎮めるために気合いを入れなければならない。七月と一月の学期末の授業は、とくに最初の十分ほど、必ずしんどい思いをする。

そのケータイ事件は一九九九年七月に起きた。そのときの私はいつになく気力が充実していたのだろう。教室に入って例の満員状態を確認すると、ほどなく私語を制し後方座席のざわめきを抑えることができた。あえて自信のあるトピックをこの日のためにとっておいたこともある。講義が順調にすべり出し、嬉しいことにほとんどの学生が熱心に聴き入っている（と思われた）。静かな緊張に満ちた、心地よい労働の時空間である。だが、その時、教室前方から発したケータイの呼び出し音が、貴重な静寂を切り裂いたのだ。「あッ、ヤラレた！」と思った私は、話を止めて沈黙した。そして、カバンから携帯電話を取り出して止めようとあせっている学生の方をじっと見た。すると、それにつられて、まわりの学生たちもその「犯人」の方を見た。非難とも嘲笑とも、緊張とも弛緩とも、何ともいえない気まずい雰囲気が教室にただよった。私はこの気まずさに呑まれてはいけないと思い直し、すぐ何事もなかったかのように講義を続けた。その日はそれで結構うまくいったのだ。その「犯人」の顔もすぐに忘れてしまった。

しかし、その後いろいろな考えが私を襲った。この受講生はいつも前方に座っている真面目な学生という印象がある。あの日は何かの事情で「ついうっかり」ケータイのスイッチを切り忘れていたのだろう。いわば「過失授業妨害」にちがいない。故意の授業妨害でないことは、その直後の彼の反応からしても明らかだ。道徳的あるいは法律的な評価に従えば、この学生はあまりきつく非難される筋合いはないことになる。けれども、問題は本当にそれだけだろうか。もし仮に彼がタイミングを見計らって「わざと」ケータイを鳴らしていたらどうだろう。常識的にはもっと悪い行為になるはずだが、まったく別の評価もまた可能なのではないか。

仮にこの学生が私の講義あるいは私という人間に対して強い不満や反感をもっていたとする。そして、この不満や反感を公然と表明するためには、講義中にケータイを鳴らすのが効果的だと考えたとする。そのタイミングは、私が教室のざわめきを抑え、講義にノリはじめた矢先である。仮に学生がその頃合いを正確に見定め、同じような反感をもつ仲間に外から電話を入れさせたのだとしよう。私のなかの常識的判断によれば、これは完全に計画的な授業妨害であり、先の「過失授業妨害」と較べて格段に許しがたい行為だということになる。

しかし、私のなかの没常識的判断はまた違う。まず、この学生が私に対する抗議行動を周到に計画し、仲間と緊密に連携しながら実行に移したことを評価したい。ちょうど微妙なタイミングの打上げ花火を計画し、その通り大空に華を咲かせる花火職人のように、この学生も大教室での呼び出し音というファンファーレを見事に鳴らしたのだ。持続的な意志に基づく行為が実を結び、この教室で「何事かが成し遂げられた」のである。これもささやかな「行為の芸術品」と呼べるのではないだろうか。

さらに、こういう考えも浮かんだ。この学生は「わざと」授業妨害の挙に出たのだから、この行為には「意義」がある。「この先生を困らせてやろう、授業を止めてやろう」という確固たる意志が示されている。そうだとすれば、教師の方でも対応の仕甲斐があるというものだ。学生を呼び出して「何故なんだ？　どういうつもりなんだ？」と聞いてみたくなる。それほど用意周到に事を進める学生なら、「相手にとって不足はない」と感じる。たとえ「悪意」であろうと、そこに強い「意志」を感じるために、相手といわば対等に「わたりあおう」という好奇心が引き出される。いいかえれば、相手と対峙するよう促され、誘惑されるわけである。

ところが、「ついうっかり」の場合はそうはいかない。「過失授業妨害」では何事も「成し遂げられて」いないから、とても「行為の芸術品」とはいえない。むしろ、多くの学生が普通に守れている受講マナーを守れなかっただけの「行為の出来損ない」にすぎない。そこには「意志」が示されていないから、「被害者」の側も対応の仕甲斐がない。そもそも「加害者」は何のメッセージももっていないのだから、呼び出して注意したところで、ただうなだれて謝るだけだろう。これではまったく張り合いがない。この「過失授業妨害」は行為美学上まったくのマイナスである。

3 源氏物語の行為美学

以上、いくつかの身近なエピソードの考察を通して、道徳―法とは次元を異にし、むしろこれと直交するような「行為美学」の存在が浮かび上がってきたように思う。ある行為の示す道徳的善悪とは別にその行為それ自体が示す美的な完成度を問題にする態度は、歴史的には貴族的な精神文化の伝統に属している。たとえばニーチェは、もっぱら人間や行為の善悪を問題にする近代的道徳に対してその美的な卓越性を問う貴族道徳の存在にあらためて注目していた。ここで私が思い浮かべたのは『源氏物語』の一場面である。というのも、そこに私たちにとって身近な日本の大貴族の行為美学的な価値評価を垣間見ることができるからである。

『源氏物語』の正編終盤には、それまで栄耀栄華を謳歌してきた光源氏がまさかのどんでん返しに会い、深い苦しみと嫉妬に苛まれる場面がある。若い正妻である女三宮が、源氏が子どもの頃から目をかけてきた若者・柏木とひそかに情を通じていたのである。それも、他人から告げられたのではなく、動かぬ証拠となる手紙がたまたま源氏の手に入るのである。私はこの場面での源氏の反応を不思議に思い、初めて読んだ時以来ずっと気にかかっていた。というのも、この密通の事実を確信した源氏がまず初めに示した反応が、柏木や女三宮への非難でも自らの悔しさの表出でもなく、柏木が女三宮に宛てた手紙に対する辛辣な批評だったからである。

柏木の手紙を読みおえた源氏の反応を原文に沿って見ていこう。[1] まず、「いとかくさやかに書くべしや」とある。なぜこんなにあからさまに書くのだろうか、こんなにはっきりと二人の関係がわかるように書いてはいけないのに、と驚く。そして、「あたら、人の、文をこそ思ひやりなく書きけれ」と続く。この「人」は柏木のことだが、若く優秀で教養の高い、将来を嘱望されている朝廷貴族のエースである。だから、もったいないな、あれほどの若者なのに、何という不注意な手紙を出してしまうのだろうと源氏は思う。この「思ひやり」というのは、「思慮を働かすこと」「物事のなりゆきを想像して注意を払うこと」の意味であり、「相手の立場を思いやる」「相手にやさしくする」という現代語の意味とはニュアンスが違うようだ。相手に対する同情的共感を示すというよりも、「こうすれば、ああなる」という物事の客観的連鎖に対して「思いを遣る」ことである。だから、原文の「おもひやりなく」は何よりもまず「思慮不足」「不注意」「不用心」のことを意味している。谷崎潤一郎はこの部分を「浅はかな文の書きようをしたものだ」と訳している（谷崎 1973 : 460）。まさに、「浅はか」なのだ。

次に源氏は、「落ち散ることもこそと思ひしかば、昔、かやうにこまかなるべきをりふしにも、言《こと》そぎつつこそ書き紛らはししか」と昔の自分の行動をふり返る。手紙というものは木の葉のように落ち散って、思いがけない他人の手に渡ってしまうことがありうる。だから自分の場合は、肝心な部分をぼかしたり省いたりしながら書いたものだった。ところが、柏木の女三宮への手紙にはそうした思慮や配慮がまったく欠けている。そのため源氏は「人の深き用意は難きわざなりけりと、かの人の心をさへ見おとしたまひつ」と書かれている。つまり、用意周到であるということは柏木ほどの優れた人物にしても難しいのだなと思い知らされる。そして、柏木を「見おとす」のである。怒る、憎むというよりも、呆れ、軽蔑した。そう書かれている。

源氏はその後すぐに、怒り、悔しさ、嫉妬、憎悪、自己憐憫、因果応報への怖れなど、誰もが予想できる常識的な反応を見せている。この辺が源氏物語らしいリアリズムでもある。しかし、私が不可解だったのは、なぜそうした人間的感情が真っ先に示されないのか、なぜ手紙の書き方に対する批判がまず前面に出てくるのかという点にあった。現在あらためて考えてみると、これは光源氏の「行為美学」だったのではないかと思われてくる。「道徳」ではなく「美学」だからこそ、柏木の不用心、不注意、浅はかさが真っ先に問題視されたのである。

柏木の手紙を最初に手にしたのが光源氏自身であったことは不幸中の幸いだった。どこかに「落ち散って」しまえば、誰の手に渡るかわからない。そんなことになれば朝廷社会の根幹を揺るがす大事件に発展するおそれがある。当時の光源氏は准太上天皇、女三宮はその正妻であり、相手の柏木は有力貴族・太政大臣（頭の中将）家の長男である。密通の事実が世間に漏れるかどうかは、当事者たちの私的な問題をはるかに超えて、公的な朝廷秩序の根本に関わる深刻な問題となりうる。

折口信夫はこの場面での光源氏の振舞いのうちに、「貴人のみさを」を保持しようとする本能的な反応を感じとっている。「みさを」とは「やまとの国の貴人の共同に保っていかねばならぬところの外的儀礼」である。この「外的儀礼」とは文字通り外的であって、個々人の秘められた行為や内面の善意や悪意などを問題にするものではない。公的な政（まつりごと）に関わる朝廷社会では、何事も外から見える形をきちんと整えておかなければならない。つまり、天皇や太政天皇の周辺にもやむにやまれぬ自由恋愛や不義密通が現実に起きることがあるとしても、それが具体的な形で朝廷社会の人びとの口の端に上るようなことがあってはいけないのだ。ましてや誰の眼にもわかる、明白な密通の証拠文書をまき散らすようなことをしてはいけないのだ。それが「外的儀礼」を守るために欠かせない心用意なのである。だから、折口は言う。「怒りでもない。元より嫉妬でもない。此ではやまとの国の貴人のみさをがどう維持せられるのだ。さう考へることから、名状出来ぬ怒りが、心の底に深い嫉妬を煽り立てゝ来る」（折口1976 : 297）。光源氏の怒りは、朝廷貴族の「みさを」としての行為美学を踏みにじる柏木の「不注意」「思慮不足」「不用心」への深い失望と嫌悪に由来している。

柏木は危険な恋に無我夢中でのめり込んでいった。手紙を読んだ光源氏は失望し怒りに駆られるだけではなく、他方ではまた、若い柏木の発熱した純粋さに心を打たれてもいる。だがそれはいかんせん「深き用意」を欠くものだった。結局、激情に駆られた柏木は「ついうっかり」あのような手紙を書いてしまったことになる。だが、もし「わざと」世間に知らせるためにやっていたらどうだろうか。光源氏を傷つける、朝廷社会を撹乱するなど、明確な目的と計画をもって「故意に」事をなしたのであれば、源氏はその暴挙をさらに憎んだかもしれないが、ひどく「見おとす」ことはなかったかもしれない。なぜなら、その場合にはあからさまな挑戦・挑発であり、源氏としても「受けて立つ」ことになるだろうからである。

悪意がなければ許されるというものではない。むしろ明確な悪意があれば相手と対峙することができ、それなりの対応がとれる。ところが、ただの不注意はやりきれない。「人の深き用意は難きわざなりけり」。この光源氏の感慨のうちに、平安朝の理想的貴族に体現された行為美学の一端を垣間見ることができるのである。(2)

4 道徳―法と行為美学

以上、「わざと」と「うっかり」の違いから始め、道徳や法とは次元の異なる行為美学の存在について、具体的なイメージをふくらませてきた。最後により理論的な視点から、法や道徳と行為美学の関係を整理しておきたい。

あらためて法的概念としての「故意」「過失」とその現実的な意味合いから始めよう。私は学生時代の刑法の授業で「故意」の説明にふれたときのことを思い出す。「故意」の成立要件については対立する学説があるものの、犯罪遂行時の心理状態のみを問題とし、犯意を形成するにいたった実質的動機や具体的プロセスは問わないというのが通説である。知人に対する恨みが積もり積もって抱かれた殺意も、たまたま居合わせた見知らぬ客との口論から突発的に抱かれた殺意も、ともに殺人の「故意」として理論上は区別されない。当時の私は周到な予謀や計画をともなう「重い故意」と衝動的・突発的な

「軽い故意」とは区別すべきなのに、法律というものはいかにも形式的な処理をするものだなと軽い違和感をもった。ただ、これこそが道徳とは違う、法律に特有の技術性・形式性なのだろうと納得したのも事実である。ところが、のちにアメリカでは予謀の有無などによって「謀殺」(murder)と「故殺」(man slaughter)を区別し、前者を後者より重く罰していること、また、日本でも現実の裁判実務では具体的な「情状」を考慮し、計画的殺人を衝動的殺人より重く処罰する傾向があることを知った。いずれにしても、刑法の運用の実際においては、「重い故意」を「軽い故意」よりも重く罰する傾向がやはりあるのだ。

そこで刑法的な行為の評価視点を大きく俯瞰すれば、次のようにいえるのではないだろうか。同じ違法行為であっても「故意」は「過失」よりも格段に非難に値する(「罪を犯す意思のない行為は、罰しない。ただし、法律に特別の規定がある場合は、この限りでない」刑法第三八条第一項)。この大原則の枠内で、さきの「重い故意」(計画的犯意)は「軽い故意」(衝動的犯意)よりも強く非難される。また、当然であるが、「重い過失」は「軽い過失」よりも強く非難される。そこで、刑法的な行為評価は軽い過失＜重い過失≪軽い故意＜重い故意の順でネガティブになり、より強い非難とより重い刑罰に値するものとなる。ちなみに、民法上の不法行為の場合は、引き起こされた損害の回復が重要であり、被害者救済や経済活動保護などの政策的配慮も加わるために、「故意か過失か(また、その程度)」は刑法におけるほど大きな意味をもたない。それでも裁判官の心証形成を通じて損害賠償額の決定、慰謝料の算定や過失相殺の判断に大きな影響を与えているという。その意味では、すでに指摘してきたよう

に、行為に対する法的評価は道徳的評価と同じ方向を向いていることが確認できるだろう。(3)

ところが、これまで考察してきた行為美学は、道徳的−法的な評価にまったく逆行することがある。行為美学の観点からは、行為は「何事かを成し遂げる」度合が高いほどポジティブに評価される。熟慮をもって、計画的に、明確な意志のコントロールのもとに完璧になされた行為は「芸術品」の一種なのであり、それ自体で美しく価値がある。逆に、明確な意図や思慮を欠き、たんなる意志の弛緩によって引き起こされた行為は「出来損ない」であり、それ自体で見劣りし価値がない。仮に行為美学を刑法的概念に翻訳するならば、用意周到な計画的犯行はただの衝動的犯行より価値が高く、たんなる不注意による過失犯こそもっとも無価値だということになる。もし行為の評価がその「作品度」に従うのだとしたら、行為は重い過失＜軽い過失≪軽い故意＜重い故意の順でよりポジティブに評価されることになる。いいかえれば、より美しく称賛に値するものになる。

このような行為評価を危険だと思う人が大多数であろうことは容易に想像がつく。何しろ、「虎視眈々と」機会を狙った確信的犯行に敬意を表し、「ついうっかり」引き起こした過失犯を軽蔑する。「かっとなった」衝動的犯行はその中間だというのでは、まるで凶悪犯罪を奨励するようなものだ。たしかに、もし仮にこの行為美学が刑法に翻訳され、強制力をもつようになれば、夜もおちおち眠れない極度に緊張した社会状態が出現するだろう。

いうまでもなく、私はそのような翻訳はすべきではないし、また、その必要もないと考える。その理由は、すでに示唆してきたように、行為美学は道徳−法とは本質的に異なる次元で私たちの行為を価値評価するからである。決定的な違いは、道徳が行為の「善悪」を問題にするのに対し、行為美学はその「優劣」を問題にする点にある。道徳は「善」の立場から「悪」を責める。そこには「悪」を非難し断罪するという疑似裁判的な傾きがある。だから、道徳的評価は本来的に刑法的評価によくなじむのである。ところが、行為美学は「優」の立場から「劣」を見下ろすのだが、ここで起きているのは「劣」を非難し断罪することではない。そうではなく、軽蔑し失望を示しているにすぎない。行為美学は「劣」を断罪するのではないから、本来的に法的処罰にはなじまないのである。

さらに、道徳‐法はいわば万人のための社会的必需品である。平均人のもつ平均的能力で対応できる要求でなければ現実味を失ってしまう。他人に被害を与える場合でも、内心の「意図」そのものは誰にでも平等に出現しそうだが、行為における「過失」を問題にすると個々人の制御能力の差が端的に現れてしまう。道徳的評価は平均人を想定した万人向きの行為評価であるという点でも法的評価になじむ面がある。ところが、行為美学はさまざまな意味で社会的平均になじまない人びとがそれぞれの生活を個性的に創造しようとする際に重要になる社会的贅沢品である。自己制御能力に誇りをもち、「ついうっかり」の失態などあってはならないと思える人びと、また、そのような人間となるべく自分自身を創り上げていく人びとの場合、行為はつねにその芸術作品としての美的完成を問われている。それはあくまでも、そうした自己選抜者のための価値評価である。

ニーチェは精神の高貴さの特徴として「われわれの義務を、すべての人間にたいする義務にまで引き下げようなどとはけっして考えないこと」を挙げている（ニーチェ 1993c : 329）。ニーチェが強調するように、「優劣」や「美醜」を軸とする価値評価を道徳律や法規範のように普遍的に強制することは重大な自己矛盾を招いてしまう。行為美学が普遍的規範にとって代わろうとするとき、それはもう「美学」ではなくなってしまうからだ。やはり行為美学は道徳―法とは本質的に次元を異にしているのである。

くりかえせば、私は道徳的―法的評価の必要性を否定しているのではない。そうではなく、私たちの行為は道徳や法だけでなく、行為美学の観点からもまた価値評価することが可能だということ、また、そうした評価は公的言説上はともあれ社会生活の実際的場面ではしばしば語られ共感を得ていることを確認しておきたいのである。正義を貫いた確信的テロリストへの尊敬や共感、また逆に、重大な被害をもたらした過失犯に対する軽蔑や嫌悪感は、現代の多くの市民大衆にとってもけっして無縁なものではない。(4) 悪意に満ちていても物事を見事に成し遂げる非情な仕事人が憧憬の的になるのに対し、善意であっても何事も成就しないただの「いいひと」は敬意の対象にならない。こうした美的な価値評価が、あたかも道徳的―法的評価と直交するかのように、二一世紀の現代に生きる私たちのなかにもなお息づいているのである。

そうだとしたら、行為の評価はつねに複眼的にならざるをえないのではないだろうか。たとえば、確信的なテロリズム犯罪に対して重い道徳的非難や法的処罰を与えながら、他方では「行為の芸術品」としての見事さに対する尊敬と共感をもって遇すること。あるいは、不注意によって重大な被害をもたらした過失犯に対しては道徳的非難や法的処罰は軽くしておきながら、その「行為の出来損ない」に対する失望と軽蔑をもって臨むこと。こうした複眼的な行為評価の可能性は、ニーチェ思想のもつ現代的な実践性をよく示している。「個性はその道徳的な特質とは無関係に重要なものであるというニーチェの見解は、簡単に退けられるべきではない」とネハマスは言う。「個性あるいはスタイルを持つという事実そのものには称賛されるべきものがあるということであろう。ただし、単に個性を持つということだけで他のすべての考慮が無効になり、どのような類いの行いも正当化されるという意味ではない。……人間と人生の価値評価には、我々の行為の内容ばかりでなく形式に関わる要素も考慮されなければならない、とニーチェは考えているのだ。……これは道理にかなった考察というだけでなく、実際に我々が日常的に他者と交わるときに常に念頭に置く事柄でもある」（ネハマス 2005 : 285–6）。行為美学の考察はニーチェ的な意味での「個性」（character）あるいは「様式」（style）の問題を現代的文脈のなかで再考する必要性を示してもいる。

現代思想の文脈でいえば、「道徳」と「行為美学」の区別はミシェル・フーコーのいう「道徳」と「生存の美学」の区別に対応している。フーコーによれば、道徳は「統一され首尾一貫し権威主義的で、すべての人に同じ仕方で押しつけられる」普遍化的な禁止＝規範を意味するのに対し、「生存の美学」は「自分の生に可能なかぎりの最も美しい、最も完璧な形式を与えたいと望む人々にとって、行為の様式化の一つの原則として」ある個別化的な勧告＝技法を意味している（フーコー 1986 : 319）。晩年のフーコーは現代社会の生－権力からの脱出を、古代ギリシャにおける自由な独立市民たちの「生存の美学」の探究を通じて模索していた。晩年のフーコーは以前にもましてニーチェ的であり、現代における行為美学の可能性の考察にとって多くの示唆に富むことにも注目したいと思う。

[注]

（1）原文は阿部秋生・秋山虔・今井源衛校訂『日本古典文学全集　源氏物語四』に拠る（阿部・秋山・今井 1974）。

（2）柏木の女三宮への手紙を拾って読んだ源氏の感慨とその後の行動については、やや異なった観点からではあるが、別稿でより詳しく考察したことがある。折口信夫の源氏物語論を含め、今後もさらに考察していきたいテーマである（宮原 2000）。

（3）本章における法律論や民事訴訟を含めた裁判実務の実態、アメリカの刑法理論や運用については弁護士の岡田春夫氏から教示をうけた。記して感謝したい。

（4）ニーチェのいう「正義」は道徳や法規範とは次元を異にしていることに注目する必要があるだろう。ハイデガーは「われわれは〈正義〉という言葉を聞くと、すぐに法と判決、人倫と徳に結びつけて考えるが、ニーチェはこの言葉で何を指しているのか。ニーチェにとって〈正義〉という言葉は、〈法的〉意義も、〈道徳的〉意義ももっていない」と述べ、さらに踏み込んだ考察を展開している（ハイデッガー 1997b : 205）。

第四章　静かな超人

1　ニーチェの両価性

「ポストモダン思想の源泉」とか「ポストヒューマニズムの源流」など、大げさに考えなくても、ニーチェに惹かれる人は多いはずだ。その惹かれ方というのも、激しく心を揺さぶられて病みつきになってしまう人から、逆に、心の平静を乱されるのを恐れながらも好奇心を止められない人まで、さまざまな振幅があるようだ。

私の場合、二〇代後半にいたるまで、ニーチェはかなりの危険物だった。自分を道徳的によい人間としてアイデンティファイしたい、「正義の士」とまではいかなくても「いいひと」としての自己を正当化したいという気持ちが強かったので、そうした心理の背後にある「弱者の強者に対するルサンチマン」を暴き出して告発するニーチェは、なんとなく怖い存在だった。ニーチェ自身の著作をきちんと読むことはせず、入門書や解説書を斜め読みしながら、漠然とした反感をもっていた。それは一種の過剰防衛で、本当は痛いところを衝かれているのではないかという不安があったのだと思う。ただ、そうした不安や反感と背中合わせの形でニーチェという存在に対しては強い好奇心をもっていた。

ところが、三〇代に入ってしばらくした頃、今度はいっそ自分の痛いところ、自己欺瞞的な部分、偽善的で保身的な自分を抉り出したいという衝動に駆られることになった。「いいひと」なんて笑止千万、まして生存の道徳的正当化などウソくさいという感覚が身体から湧き上がってきた。時は一九八〇年代末、バブル日本の乾いた熱気につつまれ、昭和天皇の死にふれ、あたかもこの世の天井が吹き飛んだような高揚感のなかで、ニーチェの言葉が怒涛のように流れ込んで来た。「善よりも悪へ」、いや「善悪の彼岸へ」ということで、『ツァラトゥストラはこう言った』『善悪の彼岸』『道徳の系譜』などの著作や没後に編集された遺稿集を読み耽った。こんなに面白かったのかと感動し、しばらく病みつきになったほどである。

それから十年以上、私はニーチェの著作とつかず離れず向き合ってきた。いくつか論文やエッセイ、解説書も書いてきたが、ニーチェは依然として大いに気になる存在であり続けている。(1)が、その惹かれ方はしだいに、以前のストレートな感動や反発とは違い、そのどちらでもない曖昧なもの、より多くニュアンスを帯びたものに変わってきたような気がしている。時に静かな共感やいとおしみのような感情まで入ってきたように思う。この心境の変化をうまく表現できないものか思案していたところ、ある美しい言葉に出会うことができた。「静かな超人」という言葉である。(2)

誰もが知るように、ニーチェ思想には「激しい」側面がある。緑の牧場の子羊たちに襲いかかる猛禽、善良な市民道徳に対する仮借ない攻撃、「歴史を二分するダイナマイト」など、圧倒的な攻撃者、冒涜者、命令者としてのニーチェがいる。しかし、他方では、散歩と蜂蜜を好み、偶然のサイコロ遊びを楽しみ、笑いと踊りを勧める仙人風の「静かな」側面を取り出すこともできる。私自身の体験も含めていえば、青年期の読者はどちらかというと「激しい」ニーチェに惹かれることが多いようだ。そこには大きな感動があり、あるいはまた、強い不安と反発が起きうるだろう。ところがポスト青年期に入ってニーチェを読み続ける読者には、「静かな」ニーチェの言葉がより魅力的なものに思われてくるのではないだろうか。たとえば、『ツァラトゥストラはこう言った』に見える小さな詩的つぶやきはどうだろう。「ほかならぬ最も些細なもの、最もかすかなもの、最も軽いもの、とかげのひと走り、ひとつの微風、たまゆらの影、まばたきの刹那、――ほんのわずかなものが至高の幸福を生みだすのだ。静かに！」（ニーチェ 1970：236）。

こうしたニーチェの読み方・読まれ方をめぐる変容は、たんに読者の年齢やライフステージの問題に尽きてはいないだろう。それは何よりもニーチェ自身の変容に関わる問題であり、また、ニーチェを受容する社会の成熟に関わる問題でもある。とくに、ニーチェが読まれ始めた一九世紀末から二一世紀の現代へ、彼の著作が問題にした近代世界そのものが青年期を脱し、先行きの見えない成熟への道を模索している。ニーチェ理解における成熟は、現代という時代のもつ歴史的性格とも関連しているにちがいない。以下では、そうした問題に接近するための準備作業として、まずニーチェの著作における激しい側面と静かな側面の重層性を確認していく。その上で、「静かな超人」という新たな概念を中心に、従来あまり注目されてこなかったニーチェ理解の成熟に光をあててみたい。

2 激しいニーチェと静かなニーチェ

『ツァラトゥストラはこう言った』を読み返しながら、あらためて「激しい」ニーチェの言葉をあじわってみよう。まずは有名な「精神の三段の変化」の前半から。

しかし、もっとも荒涼たる砂漠のなかで第二の変化がおこる。ここで精神は獅子《しし》となる。精神は自由をわがものにして、おのれの求めた砂漠における支配者になろうとする。

精神はここで、かれを最後まで支配した者を探す。精神はかれの最後の支配者、かれの神を相手取り、この巨大な竜と勝利を賭けてたたかおうとする。

精神がもはや主なる神と呼ぼうとしないこの巨大な竜とは、なにものであろうか？　この巨大な竜の名は「汝なすべし」である。だが獅子の精神は「われは欲する」と言う。……

千年におよぶもろもろの価値が、この鱗にかがやいている。ありとある竜のなかでももっとも強大なこの竜は言う、「物事のいっさいの価値、――それはわたしの身にかがやいている」と。……

> 自由を手に入れ、なすべしという義務にさえ、神聖な否定をあえてすること、わが兄弟たちよ、このためには獅子が必要なのだ。（ニーチェ 1967：38-9）

真面目で敬虔な若者ほど、まるで「駱駝」のように、進んで超越的権威に服従し、あらゆる重荷を背負っていく。「駱駝」はしかし、やがて荒涼とした不毛の砂漠に行きついてしまう。その時、「駱駝」は「獅子」になり、かつての命令者である「竜」に対して「神聖な否定」の叫びをあげる。こうして「汝なすべし」に従っていた敬虔な精神は、「われは欲する」という苛烈な精神へ生まれ変わる。そして、この獅子の精神をもって初めて、「人間の克服」への道、「超人」への道が切り拓かれる。

> わたしはあなたがたに超人を教えよう。人間は克服されなければならない或物なのだ。あなたがたは人間を克服するために、何をしたというのか？……
>
> あなたがたが体験できる最大のものは、何であろうか？　それは「大いなる軽蔑」の時である。あなたがたがあなたがたの幸福に対して嫌悪をおぼえ、同様に、あなたがたの理性にも、あなたがたの徳にも嘔吐をもよおす時である。
>
> あなたがたがこう言う時である。「わたしの幸福は何だろう！　それは貧弱であり、不潔であり、みじめな安逸であるにすぎない。わたしの幸福は、人間の存在そのものを肯定し、是認するものとならねばならない！」

あなたがたがこう言う時である、「わたしの理性は何だろう！ それは獅子が獲物を求めるように、知識をはげしく求めているだろうか？ わたしの理性は、貧弱であり、不潔であり、みじめな安逸であるにすぎない！」（ニーチェ 1967 : 14-7）

「超人」への道は苛烈な自己批判と絶えざる精神的闘争に彩られている。その世界は「生がたえず自己自身を克服して高まらねばならぬ」戦場なのである。ニーチェは「平等の説教者たち」を激しく拒否し、人間たち同士の自己克服への戦いを呼びかける。

わたしは、これらの平等の説教者たちと混同され、取り違えられたくない。なぜなら正義はわたしにこう語るから、――「人間は平等ではない。」

また、人間は平等になるべきでもない！ かりに、わたしがそう言わないとすれば、わたしの超人への愛は、いったい何だろう？

人間は百千の大きな橋、小さな橋を渡って、未来へ押しよせて行くべきなのだ。こうしてますます多くの戦いと不平等が、かれらのあいだに起こらなければならない。このことをわたしにあえて語らせるのは、わたしの大いなる愛である！……

善悪、貧富、貴賤、その他もろもろの価値の名称、それらは武器であるべきなのだ。生がたえず自己自身を克服して高まらねばならないことを示す戦場の標識であるべきなのだ。（ニーチェ

1967 : 170-1)

この人間たちの戦場では、甘ったるい同情や「仲間のよしみ」、臆病や吝嗇、倦怠や嘆息はすべて拒否すべきものになる。その代わり、大地に忠実な「性欲」と「支配欲」、とりわけ「健全な我欲」の自己快楽こそが奨励される。これまで我欲を悪者扱いしてきた「えせ賢者たち、すべての聖職者たち、この世に倦み疲れた者たち」や「この世に疲れた臆病者や十字蜘蛛ども」に対して、激しい拒絶の言葉が投げつけられる。

力強い魂には、高貴な身体《からだ》がふさわしい。美しい、意気揚々として、人の目をもよろこばす身体、そのまわりの一切のものが、それを映す鏡に化するような身体、——しなやかな、ひとに有無《うむ》をいわさぬ身体、みごとな舞踏者の身体。自己自身に快楽をおぼえる魂とは、この身体、この舞踏者の象徴であり、精髄にほかならない。こうした身体と魂との自己快楽が、みずからを「徳」と呼ぶのである。

そのような自己快楽は、さながら聖域がその森をめぐらすように、優と劣の判定をくだす言葉によって、おのれを護る。それはわが身のおぼえる幸福をあらわす幾多の名称によって、一切の軽蔑すべきものを、自身から遠ざける。

それは一切の臆病なものを、自身から遠ざける。それは言う、「劣悪とは——臆病のことだ！」

と。いつも心配し、嘆息し、泣きごとを言う者、またどんなささやかな利益でも逃がすまいとする者は、この我欲にとっては軽蔑すべきものと思われる。

この我欲はまた、すべての悲しみに酔った知恵を軽蔑する。たしかに、世には暗黒のなかで咲く知恵、夜の影が生んだ知恵がある。そうした知恵はつねに嘆息する、「いっさいは空《むな》しい！」と。

（ニーチェ 1970 : 80）

ここで語っているのはニーチェのなかの「獅子」の精神である。しかし、「三段の変化」の後半では、この「獅子」もなお過渡的な存在にすぎないことが示される。獅子の「我は欲す」は「神聖な否定」である。それは神聖ではあるが、なお否定の精神であり、自己に対立する者、敵対する者の存在に依存している。獅子は「創造のための自由を手に入れること」はできるが、創造の遊戯を享受することはできない。そのために「獅子」はさらに「幼な子」にならなければならない。「幼な子」の「我あり」の境地に到って初めて「聖なる肯定」が可能になり、創造の遊戯が始まるからである。

しかし、わが兄弟たちよ、答えてごらん。獅子でさえできないことが、どうして幼な子にできるのだろうか？　どうして奪取する獅子が、さらに幼な子にならなければならないのだろうか？

幼な子は無垢《むく》である。忘却である。そしてひとつの新しいはじまりである。ひとつの遊戯である。ひとつの自力で回転する車輪。ひとつの第一運動。ひとつの聖なる肯定である。

そうだ、創造の遊戯のためには、わが兄弟たちよ、聖なる肯定が必要なのだ。ここに精神は自分の意志を意志する。世界を失っていた者は自分の世界を獲得する。（ニーチェ 1967：40）

ニーチェの語るもっともニーチェらしい言葉からは、この「獅子」と「幼な子」の声が多かれ少なかれ聞こえてくる。「獅子」と「幼な子」はニーチェのなかに同居している。それがテキスト上では激しいニーチェと静かなニーチェとして現れてくる。ただ、両者の比重はニーチェ自身の精神的成熟に従って、行きつ戻りつ、変化しているように思われる。とくに自伝的な性格をもつ『ツァラトゥストラはこう言った』の場合、物語が進むに連れて静かなニーチェの存在感が螺旋的に高まってくるようだ。『ツァラトゥストラはこう言った』の冒頭におかれた「三段の変化」はニーチェ自身の成熟をふり返るとともに、この物語全体の進行をあらかじめ眺望する見取り図の役目を果たしている。第一部と第二部のおわりには、それぞれ次のような「幼な子」への言及があらためてなされている。

しかしかれはまだ未熟であった。およそ青年は未熟ながらに愛し、未熟ながらに、また人間と大地を憎む。青年の心情と精神の翼はまだ縛られていて、重い。

しかし成人《おとな》のなかには青年のなかよりももっと多くの子供があり、青年にくらべて、より少い憂鬱がある。おとなは、死と生をよりよく理解する。（ニーチェ 1967：123-4）

するとが声なき声はまたわたしに言った。「幼な子になって、羞恥をすてることです。……青春の誇りがまだあなたにつきまとっているのです。あなたはおそく青年となった。しかし、幼な子になろうとする者は、おのれの青春をも克服しなければなりません。」――（ニーチェ 1967 : 257）

激しい青春を克服した「幼な子」への成熟という課題が、深い内省とともに語られている。それと同時に、「幼な子」の「神聖な肯定」の境地が、偶然の遊戯への祝福として、また、踊りと笑いと遊びへの誘いとして盛んに語られるようになる。


人間が存在してこのかた、人間はよろこぶことがあまりにも少なかった。わが兄弟たちよ、原罪というものがあれば、これのみがわたしたちの原罪なのだ！

もし、わたしたちがもっと自己をよろこばすことを習得したら、それは、ひとを悲しませたり、有難迷惑なことを考えだしたりするのを、最もよく忘れさせるみちであったろう。

だから、わたしは悩む者を助けた自分の手を洗う。さらに自分の魂をもよく洗い清める。

つまり悩む者がその悩みをわたしに見られたとき、わたしはそのためのかれの羞恥を察して、みずから羞《はず》しく思ったからだ。それに、かれを助けたとき、わたしはかれの誇りを苛酷に傷つけたのだから。（ニーチェ 1967 : 147）

「偶然」――これは、この世で最も古い貴族の称号である。これを、わたしは万物に取りもどしてやった。わたしは万物を、およそ目的にしばられた奴隷制から救いだしてやった。

わたしは万物の上に、こうした自由と天空の晴れやかさを、さながら紺碧の鐘のようにはりわたした。およそ万物を支配し、動かしている神的な「永遠の意志」などはありえないと、わたしが教えたことによって。

……わたしが万物において見いだした確実な幸福は、万物がむしろ、偶然の足で――踊ることを好む、ということにある。（ニーチェ 1970 : 35-6）

踊りを一度も踊らなかった日を、われわれは空《むな》しかった日と考えよう！　また哄笑を伴わなかった真理を、われわれはすべてにせものと呼ぶことにしよう！（ニーチェ 1970 : 119）

すべての重いものが軽くなり、すべての身体が舞踏者になり、すべての精神が鳥になること、それがわたしのアルパであり、オメガなのだ。まことに、それこそがわたしのアルパであり、オメガなのだ！（ニーチェ 1970 : 158）

こうして「獅子」の激烈な否定性から「幼な子」の軽快な肯定性への脱皮が語られる。それはまた対立者を求める戦闘的な反道徳的精神から、もはや対立者を必要としない、遊戯的・美的な精神への脱皮でもある。

力が慈《いつく》しみとかわり、可視の世界に降りてくるとき、そのような下降をわたしは美と呼ぶ。そして、力強い者よ、誰にもましてあなたから、わたしはその美を要求する。あなたが慈愛に達することが、あなたの最後の自己克服となるように。（ニーチェ 1967 : 204）

「最後の自己克服」が慈愛に満ちた美への到達として語られているように、ニーチェの思想は破壊力に満ちた「獅子」だけのものではない。むしろ、創造の遊戯に興じる「幼な子」の声こそが成熟したニーチェ思想の到達点である。「幼な子は無垢《むく》である。忘却である。そしてひとつの新しいはじまりである。ひとつの遊戯である」。この創造の遊戯、そのよろこびが、あらゆる出来事の永遠回帰を肯定することを可能にするのである。

3　世界史的超人と静かな超人

激しいニーチェと静かなニーチェの二重性をめぐっては、マックス・ウェーバーの預言類型論を踏まえて、さらに考察を進めることができる。

ウェーバーは人類の歴史上に現れたさまざまな預言を「使命預言」と「垂範《すいはん》預言」の二つに大きく分類した。使命預言の場合、預言者とその信者たちは自らを超越的な神からこの世に遣わされた道具なのだと感じる。彼らは現世を改造する摂理の実現という使命をもって、勇猛果敢に行動することを要求される。何らかの社会正義の実現を掲げるため「倫理預言」とも呼ばれ、現世改造を目指す闘争に進むポテンシャルも大きい。使命預言はユダヤ教、キリスト教、イスラム教など、超越的な人格神をもつ一神教の世界で優勢になった預言のタイプである。

他方、垂範預言（「模範預言」とも訳される）の場合、預言者本人やその信者は自らをある神的なものを入れる容器であると感じる。各人が神的なものと合一する神秘体験を重視し、そこから得られた「悟り」の生涯を身をもって示そうと努める。信者一人一人の修行と覚醒が重視されるため、使命預言ほどには現世改造への闘争に進むポテンシャルをもたない。「模範預言」は仏教、道教などの瞑想的で非人格的な最高状態を尊ぶ東洋的伝統のもとで優勢な預言のタイプである（ウェーバー 2017）。

もちろん、垂範預言はキリスト教やイスラム教の伝統のなかにも現れたし、逆に、使命預言は仏教の伝統のなかにも現れている。しかし、ウェーバーが指摘したように、使命預言が西洋世界において優勢であったのに対し、垂範預言が東洋世界において優勢であったことはたしかだろう。ウェーバーはまさにこの使命預言の優勢のなかに、ヨーロッパが他の地域に先駆けて近代化を達成したことを説明する重要な鍵があると考えている。ウェーバーによれば、ヨーロッパでは早くから職人・商人などの都市市民層がキリスト教のもつ使命預言的精神の担い手となっていた。それが宗教改革をへてプロテスタンティズムに流れ込み、資本主義経済や近代科学の発展をはじめとする「世界の脱呪術化」を促進したのである。これに対して東洋世界では、活動的な市民層ではなく、現世逃避的な知識人層が垂範預言のおもな担い手となった。そのため民衆のうちに根づいた呪術的伝統を放置することになり、プロテスタンティズムのような現世変革力をもつことができなかったというのである。

もっともウェーバーは使命預言のもつグローバルな現世変革力に注目したが、よりローカルな社会的影響力しかもたない垂範預言を低く評価していたわけではない。なぜならウェーバーは目覚ましい物質文明をもたらしたヨーロッパ近代社会の発展に驚嘆しながらも、他方では、人びとの幸福や文化的成熟という観点から「世界の脱呪術化」を推進する近代化に対して懐疑的な立場をとったからである。ウェーバー自身はけっして現世逃避的ではなかったが、マルクス主義をはじめとする使命預言的な現世改造の教義からは明確に距離をとっていた。革命への使命を掲げる疑似科学的イデオロギーの性急さを批判し、各人がそれぞれに与えられた日々の仕事と責任に耐えるよう勧めたウェーバーには垂範預言的な知識人の側面さえ認めることができる。

それでは、ニーチェの場合はどうだろうか。イギリスの政治哲学者デヴィッド・オーウェンはニーチェのなかに使命預言と垂範預言の両方を読みとっている。一方には、「超人の育成」「永遠回帰の肯定」という価値目標を哲学的論証によって正当化し、万人に向かって号令する立法的預言者としてのニーチェがいる。同時に、他方では、この価値目標を自らの著作と生き方のなかに具現化し、それに共感する少数の読者や友人に協働を呼びかける垂範預言者としてのニーチェがいる。そのため肝心の「超人」概念についても、使命預言を遂行する「世界史的超人」（world-historical Übermensch）と垂範預言を実践する「静かな超人」（quiet Übermensch）を区別することができると言う。世界史的超人はナポレオンをはじめシーザー、ジンギスカン、チェザレ・ボルジアなど、ニーチェが畏敬した圧倒的な支配者や軍人から連想されている。他方、静かな超人はゲーテをはじめラファエロ、エマソン、ドストエフスキーなど、ニーチェが敬愛した芸術家や文化人から連想されている（オーウェン 2002）。

オーウェンによれば、世界史的超人はマキアヴェリ的な徳＝力（virtù）の保持者であり、苛酷、厳正、不動であって、権謀術数に長けた果敢な偽装能力さえ身につけている。それは永遠回帰思想を立法化して人類文化の基盤にはめ込み、人びとの超道徳的自律を強権的に確立する命令者である。世界史的超人はニヒリズムのグローバルな克服を目指して、「力によって誠実性（Redlichkeit, probity）を立法する鉄槌の政治」を実践する（オーウェン 2002：135）。もちろん、この立法＝命令は従来のものとは異なり、超越的な権威を廃棄して多種多様な自己立法＝自己命令者を生み出すためのものである。しかし、その場合、人びとが世界史的超人への服従に慣れてしまい、結局は自己立法＝自己命令者を育成できなくなるおそれがある。また、この超人は結局またかつての超越的な救済者（＝神）に近づいているのではないかという疑問も生じる。ニーチェは時に「大いなる愛と侮蔑とを抱いたあの救済する人間が……あの創造的精神が、きっとやって来るであろう」と語り、未来の救済者への期待を語るが、それはまさに超越的救済者の不在を祝福する永遠回帰思想と矛盾してしまうことになる（ニーチェ 1993c：

481)。

他方、静かな超人とは、自己自身を浪費し蕩尽しながら、自己を一個の芸術作品として創造していく存在である。創造力のディオニュソス的な過剰のゆえに世界をつねに新たに開始し、また忘却していく遊戯者である。このタイプの超人は立法者でも命令者でもなく、ましてや救済者でもない。静かな超人は、その個人的生において救済者に依存しない生の模範を示し、自己創造という静かな理想の採用をまわりの人びとに奨励する。静かな超人は「垂範によって誠実性を勧告する誘惑の政治」の体現者であり、ニヒリズムのローカルな克服を実践していく（オーウェン 2002：135）。

この静かな超人に難点があるとすれば、それはちょうど芸術家が作品作りに熱中して他のことを忘れてしまうように、しばしば非社会的・独白的になり、まわりの世界を忘却してしまう点にある。創造の遊戯に入ると自分の世界に没頭してしまい、社会的使命をもって他者を説得したり組織したりする現実的な活動性が弱くなる。その背景には、『ツァラトゥストラはこう言った』において「創造者の求めるものは道づれであって、死体ではなく、また畜群や信者でもない。創造者は相共に創造してくれる者を求める」と言われているように、自ら喜んで共働してくれる者のみを求めるという姿勢がある。あくまでも「自分自身に忠実に従おうとするから、わたしに従い、――そしてわたしの目指すものにむかって進む」者だけが来てくれればよいという運動であるため、社会的なインパクトには欠けるところがある（ニーチェ 1967：32-3）。

いずれにしても、世界史的超人が超越的使命としての普遍的規範を万人に向けて立法する政治的指導者であるとすれば、静かな超人は聖なる個人的理想を自己自身のうちに体現し、その作品や生き方の模範を通じて人びとに働きかける芸術的誘惑者にすぎない。しかし、「獅子」の聖なる否定から「幼な子」の聖なる肯定へと向かうニーチェの思想的成熟に注目すれば、世界史的超人ではなく静かな超人こそがニーチェ思想の到達点とみなすこともできる。

すでに一九四〇年代、「権力への意志」がニーチェ思想の中心概念として喧伝されていた頃、『ツァラトゥストラはこう言った』のメッセージを全身で受け止めたジョルジュ・バタイユは次のように書いていた。「私にいわせれば、「力への意志」は、最終目標として捉えた場合、一つの後戻りを意味している。もしも私が、「力への意志」に従ったとすると、私は、存在を隷属的な部分に変える、あの断片化へと戻ってゆくことになるだろう。私は再び義務を背負うことになり、私の意欲する〝力〟（ピュイサンス）、この善が私を支配することになるだろう。ツァラトゥストラの笑いや踊りが表していた神的な横溢、軽さは消えてなくなるにちがいない」（バタイユ 1992：33-4）。バタイユによれば、「権力への意志」はまだ「獅子」の思想にすぎない。ニーチェが最終的に到達した境地は、「獅子」から「幼な子」への成熟である。この「幼な子」の思想の本質は「権力への意志」ではなく、むしろ「幸運への意志」にある。「開かれた遊び（＝賭け）においては、未知なる存在の到来が所与を越え出ているのだが、ニーチェは、この遊びの原則を子供という概念で表現したのだった」（バタイユ 1992：294）。ここでは、バタイユがニーチェの「三段の変化」における「幼な子」、その笑いと踊り、創造の遊戯のもつ決定的な重要性に注目していたことをあらためて確認しておきたい(3)。

ふり返ってみれば、一九八〇年代末に始まる私のニーチェ体験にあった大きな感激と興奮、そして反発と失望、その両極の間の振動は激しい世界史的超人を押し出す「獅子」ニーチェに対するものだったにちがいない。そして今、ニーチェに抱いている、よりニュアンスを帯びた共感は、静かな超人を軽やかに勧める「幼な子」ニーチェに対するものなのだろう。こうした変化とともに、ニーチェのさまざまな主張や教説を使命預言的な命令としてではなく、垂範預言的な奨励として受け取るようになってきたように思う。仮にこの世界に何かしら聖なる存在があるとしたら、その道具になるよりは容器になるほうがいい。あらゆる有難迷惑な使命感や主義主張から自由になりたいと考える私には、垂範預言者としての静かな超人があらためて魅力的に思えてきたのである。

最後に、『ツァラトゥストラはこう言った』からふたたび。「夜が最も静まるとき、露は草の上におりるのですよ。……嵐をもたらすのは、もっとも静かな言葉。鳩の足で歩いてくる思想こそ、世界をみちびくもの」（ニーチェ 1967 : 256）。

[注]

（1）たとえば、『貴人論』（宮原 1992）、『変身願望』（宮原 1999）、『ニーチェ 運命を味方にする力』（宮原 2010）などがある。

（2）「静かな超人」（quiet Übermensch）は「世界史的超人」（world-historical Übermensch）と対比される概念で、現代イギリスの政治哲学者デヴィッド・オーウェンの『成熟と近代――ニーチェ、ウェーバー、フーコーの系譜学』の第四章で詳しく論じられている（オーウェン 2002）。私は同書の原著D. Owen, *Maturity and Modernity-Nietzsche, Weber, Foucault and the Ambivalence of Reason*, Routledge 1994 の邦訳に携わった。同書の訳者解説でも「静かな超人」の概念にふれている。なお、オーウェンが言及しているダニエル・コンウェイの論考も参考になる（Conway 1989）。

（3）「獅子」である「権力への意志」に力点をおいたハイデガーと比較して、「幼な子」である「幸運への意志」に着目したバタイユのニーチェ理解はより現代的なものである（岡崎 2020）。一九三〇年代のハイデガーのニーチェ講義には恣意的に編纂された遺稿集『権力への意志』からの強い影響が見受けられる（ハイデッガー 1997ab）。これに対して、バタイユはニーチェが最良の作品と自負していた『ツァラトゥストラはこう言った』に集中しつつ思考している。その『ツァラトゥストラはこう言った』第四部のラスト・シーンでは、「獅子」がもはや激烈な猛獣ではなく「鳩の群れをともなった笑う獅子」に変貌していることも象徴的である。「「徴が来た」と。ツァラトゥストラは言った。かれの心は一変した。そして実際、あたりが明るくなったとき、かれの足もとには黄色く、たくましい一匹の獣が横たわっていた。……そして鳩が、獅子の鼻をかすめて飛ぶごとに、獅子は頭をふり、いぶかり、そして笑った」（ニーチェ 1970：331）。

第五章　幸福の遠近法

1　幸福の遠近法

個人の幸福を社会の望ましい在り方に結びつける。その有名なモットーに、ジェレミ・ベンサムが一八世紀末に提案した「最大多数の最大幸福」がある。その基本にあるのは、個々人の幸福を量として把握しようとする考え方である。ある社会の「幸福の総量」はその構成員一人一人の幸福量をすべて加算することによって得られる。そこで、望ましい社会とはこの「幸福の総量」を最大化するような社会だということになる。

私はかつて高校生時代に「最大多数の最大幸福」に出会ったとき、何と上手な言い方をするのだろうと感心させられた記憶がある。簡潔にして巧みな、道徳的にも優れた定式だと思われた。しかし、その後大人になるにつれて、しだいに疑問が頭をもたげてきた。今ではなぜか、大福餅を連想する。これは「できるだけ多くの人に、できるだけ多くの大福餅を配ればよい」ということなのではないか。しかし、幸福は大福餅のように均質なモノではないだろう。幸福はけっして量に還元することのできない各人各様の質的経験である。それは人によって異なるばかりか、同じ一人の人にあっても、時と場合によってさまざまでありうる。そうした異質な経験を一律に数え上げ、「幸福の総量」を算出するという発想はあまりに乱暴ではないだろうか。もちろん、二一世紀初めの現在、「最大多数の最大幸福」の教説が素朴に受け入れられているわけではない。さまざまな変形があり、さまざまな洗練も試みられている。しかし、幸福を量化して捉えようとする考え方それ自体はなお衰えを見せていない(1)。

本章では、量に還元できない「幸福の質」の問題を、ベンサム流功利主義の対極に位置するニーチェ思想の観点から考察してみたい。同時に、現代日本をはじめとする「先進」社会における幸福についてニーチェ的な観点からの理解を試みてみたい。

ニーチェの観点からすれば、幸福の質はまず「幸福の高さ」の問題として把握される。「幸福の高さ」という感覚の深層には、征服者である「主人」と被征服者である「奴隷」の対立・共存という人類史的経験が横たわっている。今日では忘れられている経験ではあるが、この「主人」と「奴隷」の関係性を抜きにして幸福の「高さ」を語ることはできない。なぜならば、「主人」にとっての幸福が「高い幸福」であり、「奴隷」にとっての幸福が「低い幸福」だったからである。現代の私たちは「高さ」という表現のうちに量的な大きさを読み込み、「身長の高さ」や「収入の高さ」のように、一つの目盛り上に並んだ数値の大小を連想しがちである。ところが、ニーチェのいう「高さ」はけっして量に還元することができない。

別の言い方をすれば、ニーチェが気づいたのは次のような問題である。幸福と一口に言っても、それは幸福を感じ、語る人のあり様によって異なるのではないか。この幸福は一体、誰にとっての幸福なのか。たとえば、「主人」にとっての幸福と「奴隷」にとっての幸福はまったく違うのではないか。——ニーチェは幸福の経験そのものが人びとの社会的・精神的・現実的な存在の仕方によって質的に異なることに注目した。いうまでもなく、私たちは抽象的な個人＝主体を大前提におき、万人にとって画一均質な幸福を想定する思考習慣を身につけている。事実、現代社会では「主人」も「奴隷」も存在せず、かつての身分的差異の意識も衰退し、大多数を占める市民大衆はその存在自体が画一・均質化されている。しかし、ニーチェが気づかせてくれるのは、私たち一人一人の内部に今なお「主人」と「奴隷」が棲み続けていることである。

こうした「自己の多数性」の認識はきわめてニーチェらしい透徹した自己認識の成果でもある。彼は自分自身を知的探求の実験台とし、自己のうちにうごめく多様な思考や情動や連想の働きを徹底的に把握し分析することを試みた。ニーチェは『悦ばしき知識』のなかで「いにしえの人間および動物の現存在が、いな一切の感覚ある存在者の太古と過去の総体が、私の内で詩作しつづけ、愛しつづけ、憎みつづけ、推論しつづけているということを、私は自分の身に発見した」と記している（ニーチェ 1993b：123）。動物も含めた感性的存在者のすべてが自分一個の身体のうちで感覚し、思考し、創作しているという驚くべき「発見」である。たしかにニーチェは自己自身を静的な単一体ではなく多種多様な存在をそのうちに棲まわせている動的な複合体だとみなしていた。「われわれの肉体は実のところ多くの霊魂の社会的構造にすぎない」と言い、多様な衝動と情動からなる主観多数体としての自己に注目していた（ニーチェ 1993c：44）。さらにまた、より具体的に、近代人のうちに「主人と奴隷との混血」を見出している（ニーチェ 1993c：312）。いいかえれば、ニーチェ自身のうちに「主人」と「奴隷」が生き続けているのである。だからこそ彼はちょうど健康な自分と病気の自分にとって世界の見え方がいかに異なるかを知悉したように、「主人」の自分と「奴隷」の自分にとって幸福の経験がいかに異なるかをもよく知っていたにちがいない。これはいかにもニーチェらしい幸福への遠近法的アプローチである。(2)

こうした幸福の遠近法は現代の私たちにとってもけっして他人事ではない。それどころか、現代人はもはや単一の「個人」というよりも、多くの「分人」から成る複合体である（平野 2012）。一人ひとりにとって多種多様な「分人」たちを考えることができるが、ニーチェが注目した「主人」と「奴隷」もまた私たちの内なる「分人」たちではないだろうか。こう考えると、幸福をすぐれて質的な経験として考察するためには、「私の内なる誰にとっての幸福なのか」という問いを立てることが必要になるだろう。私がいま幸福を感じているとき、それを感じているのは私のなかの誰なのだろうか。それは私のなかの「奴隷」だろうか、「主人」だろうか。それとも、さらにまた別の存在だろうか。

2　主人の幸福、奴隷の幸福

　ニーチェは「高くはりつめた緊張の幸福感」について語っている（ニーチェ 1993c : 306）。この言葉は『道徳の系譜』における主人道徳の説明のなかで登場する。ニーチェの「主人」像は、ソクラテス以前の古代ギリシアの、自己の力と美徳を疑うことを知らなかった圧倒的な征服者に由来している。それはまた「ローマの、アラビアの、ゲルマンの、日本の貴族、ホメロスの英雄たち、スカンディナビアの海賊たち」をはじめ、その「その行くさきざきで印したすべての足跡に〈野蛮人〉という概念をとどめた者たち」である（ニーチェ 1993c : 399）。いいかえれば、「主人」とは何よりも高貴な野蛮人のことなのである。ニーチェによれば、この高貴で創造的な人びとは「充実の感情、溢れるばかりの権力の感情、高くはりつめた緊張の幸福感、恵み与えようとしたがる富の意識」の持ち主だった（ニーチェ 1993c : 306–7）。彼らは「充実した、力に充ちあふれた、したがって必然的に能動的な人間として、幸福と行動とを切りはなすことができなかった。——活動しているということが、彼らにあっては、必然的に幸福の一部をなしていた」（ニーチェ 1993c : 395）。このように、ニーチェは「主人」にとっての幸福が能動的な活動と一体不可分であることを強調する。

　それでは、「奴隷」の場合はどうだったのだろうか。征服され、頭を押さえられ、日々の苦役に従事した人びとは幸福を経験することはなかったのだろうか。いや、そうではない。彼らには彼らに固有の幸福があった。ただ、この「無力な者、抑圧された者、毒心と敵意とに疼いている者」の幸福は「主人」のそれとはまったく質の異なるものであった。「奴隷」にとって、「幸福は本質的に麻酔、昏酔、安静、平和、〈安息日〉、気弛め、寝そべりとして、要するに受動的なものとしてあらわれる」（ニーチェ 1993c : 395）。このタイプの幸福は、能動的な高い緊張ではなく、受動的な低い弛緩のうちにある。自分の惨めな姿に直面させられた「奴隷」はため息をつく。「私が何なりと別な人間であったらよかったになあ！　だがもう希望はない。私はどこまでも私だ。どうしたら私はこの私自身から逃れられるだろうか？　とにかく——私は自分が厭になった！」（ニーチェ 1993c : 525）。そこで自分自身から目をそらし、何とか気を紛らわそうとする。寝そべってうとうとすること、眠ること、酒や麻薬に酩酊することと、博打や娯楽に我を忘れること。「奴隷」は束の間の休息に、自分を忘れさせてくれる安逸と安楽の幸福を求める。

これに対して、「主人」にとっての幸福は、緊張を必要とする活動＝戦いのただなかで力の充溢をあじわうことにある。「幸福とは何か？——権力が生長するということの、抵抗が超克されるということの感情。満足ではなくて、より以上の権力。総じて平和ではなくて、戦い。徳ではなくて、有能性（ルネサンス式の徳、virtù、道徳に拘束されない徳）」（ニーチェ 1994a : 166）。この幸福はあえて求めて獲得されるものというよりも、自由な能動的活動におのずからともなう状態である。たとえば、ツァラトゥストラの最後の言葉を思い起こそう。「わたしはいったい幸福を追い求めているのだろうか？　わたしの求めているのは、わたしの仕事だ！」（ニーチェ 1970 : 333）。ハンナ・アレントの『人間の条件』に従えば、この「仕事」とは生存のための「労働」ではなく公共世界を創出する「活動」のことである。「主人」の幸福は公共世界を創造する活動に付随する経験なのである。くりかえせば、ニーチェ的な「高い幸福」のなかには前史時代の圧倒的な征服者の、誇りと活力に満ちた「高い存在」のオーラが宿っている。「幸福の高さ」とは「存在の高さ」のあじわいでもある。何をもって幸福と感じるか、どのような状態をもって幸福と呼ぶか――それは、私たちの内なる誰が幸福を感じているのかという問いに直結している(3)。

ここで私は自分自身の経験をふり返る。たとえば、困難な仕事に打ち込んでいるとき、幸福を感じることがある。ここには世の中に新しい出来事を創り出していくことの快感、自分の限界を突破していくことの高揚感、身も心も一体となる充実感、「なすべきこと」が与えられたことへの感謝などが含まれる。この緊張感のある幸福は「高い」ものと感じられる。他方、当面する仕事や心配事から解放されて、ぼんやりしているときもまた幸福である。ぽっかり空いた三連休の一日目、目覚めてはうとうとし、寝ころんだままテレビをつける。何もしなくていいという気楽さ、手足を投げ出していられる心地よさ、みんなも同じように休んでいるだろうという安心感。この緊張からの解放としての受け身の幸福は「低い」ものと感じられる。

「高い幸福」を経験している私に何が起きているのだろうか。私のなかの「主人」が幸福をあじわっているのである。逆に、「低い幸福」を経験しているときは、私のなかの「奴隷」が幸福をあじわっているにちがいない。私がさまざまな時空間において、またさまざまな生活の局面や人生の季節によって、「高い幸福」をあじわったり「低い幸福」をあじわったりするのは、私のなかに「主人」と「奴隷」の両者が棲みついていて、それぞれに感じ考えているからなのだろう。彼らは私という個人(individual)のうちなる有力な分人たち(dividuals)なのである(平野 2012)。このような動的複合体としての私の在り方はけっして特異なものではなく、むしろ多くの人びとに共有された、ごく一般的な現代人の在り方でもあるように思われる。ニーチェが指摘した通り、近代人は多かれ少なかれ「主人と奴隷との混血」であり、私たち現代人の多くもまた依然としてそうだからである。

3 「末人」の幸福

ニーチェによれば、「主人」に対する「奴隷」のルサンチマンはやがて強力なキリスト教道徳に結晶し、「道徳上の奴隷一揆」が成功を収めることになる。これによってかつての「主人」タイプは衰退し、新たな「奴隷」タイプがヨーロッパを中心に台頭する。ルネサンスはこれに対する大規模な反対運動であり、「主人」タイプを一時的に復活させた。しかし、宗教改革から近代の政治・社会革命を通じて、結局は「奴隷」タイプが支配的になる。(4)

近代社会は貴族制や奴隷制などの社会的身分を廃止する一方で、人間類型としての「奴隷」の優位をもたらした。ニーチェはそうした状況を一九世紀末ヨーロッパの人びと、とりわけ「教養俗物」をはじめとする多数の市民大衆のうちに見ている。そして、その姿を『ツァラトゥストラはこう言った』の冒頭に登場する「末人」として描き出している。「末人」とは「超人」の対極にある「もっとも軽蔑すべき人間」のことである。

見よ！　わたしはあなたがたに「末人」を描いてみせよう。

「愛とは何か？　創造とは何か？　あこがれとは何か？　星とは何か？」――「末人」はこうたずねて、こざかしくまばたきする。

そのときは大地はすでに小さくなり、その上に、一切を小さくする「末人」がとびはねている。その種族は地蚤《じのみ》のように根絶しがたいものだ。「末人」はもっとも長く生きのびる。

「われわれは幸福をつくりだした」――と「末人」たちは言って、まばたきする。

かれらは生きるのに厄介な土地を見捨てる。温暖が必要だからである。かれらはやはり隣人を愛している。隣人にからだをこすりつける。温暖が必要だからである。

病気になることと不信の念を抱くことは、かれらにとっては罪と考えられる。かれらは用心深くゆったりと歩く。石につまずく者、人間につまずき摩擦を起こす者は馬鹿者である！

少量の毒をときどき飲む。それで気持のいい夢が見られる。そして最後には多くの毒を。それによって気持よく死んでゆく。

かれらはやはり働く。なぜかといえば労働は慰みだから。しかし慰みがからだにさわらないように気をつける。

かれらはもう貧しくもなく富んでもいない。どちらにしてもわずらわしいことだ。誰がいまさら人々を統治しようと思うだろう？　誰がいまさら他人に服従しようと思うだろう？　どちらにしてもわずらわしいことだ。

牧人はいなくて、畜群だけだ！　だれもが平等だし、また平等であることを望んでいる。それに同感できない者は、みずからすすんで精神病院にはいる。

「むかしは世の中は狂っていた」——とこの洗練された人たちは言い、まばたきする。

かれらは賢く、世の中に起ることならなにごとにも通じている。そして何もかもかれらの笑い草になる。やはり喧嘩はするものの、かれらはじきに和解する、——さもないと胃腸を害するおそれがある。

かれらは小さな昼のよろこび、小さな夜のよろこびを持っている。しかしかれらは健康を尊重する。

「われわれは幸福をつくりだした」——「末人」たちはこう言い、まばたきする。（ニーチェ 1967：23-5）(5)

「末人」は現代の私たちの姿を彷彿とさせる。ニーチェの慧眼はすでに一九世紀末の時点で現代的な人間タイプの骨格を的確に捉え、日本を含む二一世紀現代社会における市民大衆の姿、さらにいえば、この私自身の姿をかなり正確に描き出しているように思われる。

まず、「末人」は「もっとも長く生きのびる」とあるように、現代社会は人類史上かつてない長寿化を大衆レベルで達成し、平均寿命はなお向上し続けている。「生きるのに厄介な土地を見捨てる」「温暖が必要だから隣人を愛している」「用心深く歩く」。私たちはありとあらゆる手段を尽くして暑さ寒さを避け、傷や苦痛を減らし、快適と安全安心を求めてやまない。それは人間同士の関係にもおよび、他人を傷つけ他人から傷つけられないためのさまざまな配慮が、傷つけ合いを予防するための「やさしさ」が張りめぐらされている。(6)「少量の毒をときどき飲む」。さまざまな麻酔薬が大量に売買され、感覚を麻痺させるような娯楽が一大産業となっている。「もう貧しくもなく富んでもいない」「だれもが平等だし、また平等であることを望んでいる」。人びとの間に横並びの平等意識がかつてなく強く、いつも他人の動きを互いにチェックしている。支配も服従も面倒くさいという雰囲気のもとで、異質な者を排除しようとする傾向も強い。「かれらは賢く、世の中に起こることならなにごとにも通じている」。かつてなく長期にわたる教育をうけ、マスメディアやインターネットを通じて膨大な量の情報に接し、誰もが地球の裏側の出来事まで知っている。皆がかつてなく洗練された意見を口にする。もはや強い信念も信仰ももたないが、健康と安全安心だけは別格である。現代の市民大衆にとっては、健康と安全安心こそが絶対的価値なのだ。(7)

「われわれは幸福をつくりだした」。こう言う「末人」たちの幸福は安全安心や健康、安楽や快適、休息や麻酔の経験に基づいている。この幸福は明らかに「奴隷の幸福」の系譜に属している。それもそのはず、ニーチェによれば、「末人」とは「牧人のいない畜群」のことであり、「主人」を追放した「奴隷」のことだからである。そして、こうした市民大衆の間で初めて、「最大多数の最大幸福」が現実的な説得力をもつようになる。ここでは万人に共通した均質な幸福経験を加算して、社会全体の「幸福の総量」を数え上げるという統計的思考が常識化するからである。

とはいえ、ニーチェの「末人」と現代人の間には微妙な違いもある。「末人」が「われわれは幸福をつくりだした」と自己満足しているのに対して、私たち現代人は幸福であることに自信がもてないのである。人類の歴史上かつてなく長生きで、快適で、安楽で、平等な時代が到来したというのに、その恩恵にもっとも浴しているはずの先進国の住民たちが幸福への不安を抱えている。物質的・社会的に恵まれた人びとの多くも漠然とした不全感や空虚感に悩まされている。まだ貧しい「発展途上国」だった昔の方が幸福だったのではないかとさえ思う人びとも少なくない。多くの人びとがさまざまな刺激や快楽や鎮静や安寧を求め、幸福を求めてさまよい歩いている(8)。

こうした状況を背景に「ほんものの幸福」への道が模索されてきたが、なかでもニーチェの「末人」批判と響き合うのが森岡正博の『無痛文明論』である（森岡 2003）。森岡は人間の「自己家畜化」に注目し、あらゆる痛みの除去を最優先する現代的傾向のなかに「無痛文明」の到来を見ている。「身体の欲望が生命のよろこびを奪う。これが自己家畜化のもっとも深い意味であり、われわれの文明のなかで進行しているもっとも根源的な問題なのである」（森岡 2003：18）。

森岡の言う「身体の欲望」とは快適を求め苦痛を避けようとする欲望である。それは現状維持と安定を図り、すきあらば増殖しようとし、他人を犠牲にしながら人生と生命と自然を管理しようとする。しかも、あくまでも現在の自分自身の在り方を維持したままで、さらなる快適と安楽を求める。その最先端にあるのは、出生前診断によって障害児を除去し遺伝子テクノロジーを用いてあらゆる痛みを免れようとする「予防的無痛化」である。今や無数の人びとの「身体の欲望」が奔流となって人びとを呑み込んでいく。「楽して生きたい、安定した人生を送りたい、本物の苦しみを味わわずに生きたい、手に入れたものは手放したくない、自分を変えないで拡張し続けたいなどの「身体の欲望」が、人々のやりとりや、思考や、制度のなかで鍛え上げられ、互いに織り合わされ、やがて奔流となり、うねりとなり、個人の力では制御できないような巨大な力をたくわえて人々を動かし、社会を水路づけ、人々の身体に流れ込み、流れ出し、人々の思考と行動を貫き通す」（森岡 2003：117-8）。

そこで森岡は「身体の欲望」を突き破る「生命のよろこび」に期待をかける。「私がどうしようもない苦しみに直面して、その中でもがいているうちに、いままでの自己が内側から解体され、まったく予期しなかった新しい自己へと変容してしまうことがある。このときに、私におとずれる予期せぬよろこびが、「生命のよろこび」である」（森岡 2003：18）。生命とは「いまの自分をささえている「枠」（仕事、地位、収入、家庭、その他）そのものを解体して、そこから超え出ようとするはたらき」である。「生命のよろこび」は各人のかけがえのない自己存在の根底から湧き起こる至福であり、他人との比較ではなく、「この私が死ぬその最後のぎりぎりのときに……自分の人生全体を深く肯定できるところの、その一点」に関わるような幸福である（森岡 2003：168）。

すでに明らかなように、森岡の無痛文明論はニーチェの「末人」論を想起させる。「身体の欲望」と「生命のよろこび」にはそれぞれ「奴隷の幸福」と「主人の幸福」に対応している側面がある。とはいえ、無痛文明論の幸福論が多くの現代的幸福論と同様に、ニーチェが批判した道徳的理想主義の形をとっていることに留意する必要がある。それは「身体の欲望」がもたらす「にせの幸福」と「生命のよろこび」による「ほんものの幸福」とを厳しく峻別し、前者を悪として非難しながら後者を善として理想化しようとする。

これに対して、ニーチェなら「にせもの」と「ほんもの」の道徳的対立という見方はとらないだろう。ニーチェにとっては、「身体の欲望」を満たす「奴隷の幸福」も、「生命のよろこび」を享受する「主人の幸福」も、ともに「ほんもの」の幸福である。ただ、すでに強調してきたように、「主人の幸福」は「奴隷の幸福」よりも質的に「高い」のである。いいかえれば、高い幸福は「主人」にとって「ほんもの」であり、低い幸福は奴隷にとって「ほんもの」なのだ。そして、「主人と奴隷の混血」である私たち現代人のなかにも、この二つの幸福は必然的に共存している。ニーチェ的な観点からすれば、無痛文明に向かう「身体の欲望」を道徳的に非難することはできないし、また、その必要もないのである。

4 「幼な子」の幸福

たしかに、ニーチェのなかにも道徳的理想主義者の一面が根強く存在した。しかし、彼は自らの思想的成熟とともに道徳主義を相対化するように努め、しばしばそれに成功した。くりかえせば、ニーチェの場合、低い幸福も高い幸福もともに「ほんもの」なのである。そもそも物事の高低の問題は真偽や善悪の問題とは異なる次元にある。それは、あえていえば、美醜の次元に近いといえる。実際に、『ツァラトゥストラはこう言った』をはじめとするニーチェの詩的思索において、物事の高さはしばしば「美しさ」として認識されている。『悦ばしき知識』にある次の一節がその典型である。

> 私は、いよいよもって、事物における必然的なものを美と見ることを、学ぼうと思う、――こうして私は、事物を美しくする者たちの一人となるであろう。運命愛（Amor fati）、――これが今よりのち私の愛であれかし！　私は、醜いものに対し戦いをしかけようなどとは思いもしない。私は非難しようとは思わぬし、非難者をすら非難しようとは思わない。眼をそむけること、それが私の唯一の否認であれかし！　そして、これを要するに、私はいつかはきっとただひたむきな一個の肯定者《ヤー・ザーゲンダー》であろうと願うのだ！（ニーチェ 1993b : 289）

善の立場が悪を非難し、真の立場が偽を告発するのとは異なり、美の立場はけっして醜を非難し告発したりはしない。せいぜい通り過ぎるか、あるいは、遠くから誘いかけるかである。ここでの「ただひたむきな一個の肯定者」という美的肯定性への開眼はニーチェの思想的成熟を示す決定的な言葉であり、数年後の『ツァラトゥストラはこう言った』への前ぶれとなっている。その『ツァラトゥストラはこう言った』において、かつてのニーチェの激しい否定的精神は笑いと踊りの肯定的精神に包み込まれていく。「踊りを一度も踊らなかった日を、われわれは空しかった日と考えよう！ また哄笑を伴わなかった真理を、われわれはすべてにせものと呼ぶことにしよう！」と語られる（ニーチェ 1970：119）。「すべての重いものが軽くなり、すべての身体が舞踏者になり、すべての精神が鳥になること、それがわたしのアルパであり、オメガなのだ。まことに、それこそわたしのアルパであり、オメガなのだ！」と歌われる（ニーチェ 1970：158）。笑いと踊り、身のこなしの軽快さ、超人ならぬ鳥人の勧め、これこそが成熟したニーチェ思想の真骨頂である。

この最良の肯定者・ニーチェは「主人の幸福」でも「奴隷の幸福」でもない、もう一つの幸福、「幼な子の幸福」について語っている。ニーチェのいう「幼な子」は福音書のイエスの言葉「人は誰も幼な子のようにならなければ天国に入ることはできない」から連想されている。この「幼な子」には純真無垢にして清らかなイメージがあり、ニーチェの場合も同様なのだが、その意味する内容はまったく新しい。キリスト教道徳では、純真無垢や清らかさは性欲、支配欲、我欲といった悪に汚染されていない状態を指している。実際、かつてフロイトが「幼児性欲」の存在を指摘したときには、口にするのもはばかられるという拒絶反応があったといわれている。純真無垢な「幼な子」に性欲などあってはならないし、我欲や支配欲もあってはならないのだ。

ところが、ニーチェはここにキリスト教道徳の、そして近代的道徳の病理を見る。ニーチェにしてみれば、性欲はそれ自体けっして悪く汚いものではない。心身ともに健康な者、生命が躍動している者、未来を懐胎する者にとって、性欲は「無邪気な自由なもの」「地上における楽園の幸福」「すべての未来が、現在に寄せるあふれるばかりの感謝」である。それはまた「大いなる強心剤」「珍重され畏れられる酒の中の酒」「より高い幸福と最高の希望への象徴としての大いなる幸福」でさえある（ニーチェ 1970 : 76-8）。ニーチェにとっては、性欲を不潔なものと見る精神こそが不潔なのである。同じように、支配欲も我欲もそれ自体けっして悪く汚いものではない。純真無垢で清らかな生命の躍動のなかには必ず健康な支配欲や我欲が発現する。何といっても、「幼な子」は無邪気である。おいしいものは、おいしい。まずいものは、まずい。すきなものは、すき。きらいなものは、きらい。きれいなものは、きれい。きたないものは、きたない。この無邪気さこそが純真無垢で清らかなのだ。それは「幼な子」に欲望がないからではなく、その欲望そのものが無邪気に、何のてらいも屈折もなく発現するからである。

ニーチェはこうした「幼な子」を人間の最高の存在様態とみなしていたふしがある。『ツァラトゥストラはこう言った』冒頭の「三段の変化」では、「駱駝」から「獅子」、「獅子」から「幼な子」への脱皮と成熟が説かれている。「駱駝」は神や伝統的権威からの命令（「汝なすべし」）に忠実に従い、できる限りの重荷を背負って道を急ぐ。やがて荒涼とした砂漠に行きついた「駱駝」は「獅子」に変身する。獅子のモットーは「我は欲する」である。「獅子」は長く畏敬し服従してきた神や権威に対して猛然と立ち向かう。「いま精神はこの最も神聖なものも、妄想と恣意の産物にすぎぬと見ざるをえない。こうしてかれはその愛していたものからの自由を奪取するにいたる」（ニーチェ 1967：40）。しかし、この「獅子」にもまだできないことがある。その「聖なる否定」は古い価値を打ち倒すとはいえ、新しい価値を創造することができないのである。そこで、「獅子」から「幼な子」へのさらなる脱皮が必要になる。「聖なる否定」は「聖なる肯定」へと転換されなければならない。その「幼な子」のモットーは「我あり」である。「幼な子は無垢である。忘却である。そしてひとつのはじまりである。ひとつの遊戯である。ひとつの自力で回転する車輪。ひとつの第一運動。ひとつの聖なる肯定である。そうだ、創造の遊戯のためには、わが兄弟たちよ、聖なる肯定が必要なのだ。ここに精神は自分の意志を意志する。世界を失っていた者は自分の世界を獲得する」（ニーチェ 1967：40）。

よく知られているように、この「三段の変化」は人間の成熟への道を示している。「駱駝」のような服従の時期を通って初めて、人は自己の主人である「獅子」へと脱皮することができる。事実、ニーチェのいう「主人」の原型である高貴な野蛮人たちとはこの「獅子」＝「主人」のことであった。彼らは狭い共同体の古く重苦しい掟を破り、広い大洋へ大陸へと進み出る。ところが、ニーチェはさらに「獅子」を超える究極の存在に注目していた。それが「幼な子」である。「無垢」「忘却」「新しいはじまり」「遊戯」「自力で回転する車輪」「第一運動」、そして何よりも「創造の遊戯」に没頭する「聖なる肯定」、それを体現する「幼な子」こそが最も成熟した人間の姿を示すことになる。ジル・ドゥルーズは、このようなニーチェ的な「肯定性」の本質を見事に定式化している。

> 否定は肯定と対立するが、肯定は否定とは異なる（diffère）。肯定を、肯定自身のために否定と「対立する」ものとして考えることはできない。そうすれば、否定を肯定の中に入れこむことになるだろう。対立はたんに否定と肯定との関係なのではなく、否定としての否定の本質である。そして、差異（différence）は肯定としての肯定の本質である。肯定は自己に固有な差異の享楽であり、戯れであり、否定は自己に固有な対立の苦痛であり、苦役である。（ドゥルーズ 1982：270）

ニーチェの「獅子」は肯定性にいたるための否定ではあるが、なお否定性との「対立の苦役」から脱け出ることができない。「幼な子」にいたって初めて、否定性を呼び込まない「差異の享楽」としてのまったき肯定性がくもりなく体現されることになる。

よく熟した人間は再び子どもに近くなる。たとえば、「男性の成熟とは、――子供のころ遊戯のおりにみせた真剣さをふたたび取りもどしたこと」にあると言われる（ニーチェ 1993c：126）。このニーチェの認識は意外に反常識的ではなく、むしろ深い普遍性をもっているかもしれない。「本当に熟した人は遊んでいる」ということ。好きなことをし、好きなように生き、他人を非難せず、自分を責めることもなく、いつでもどこでも「創造の遊戯」に興じている。あるいは、「霞立つ永き春日を子どもらと手毬つきつつこの日暮らしつ」といった生活を実践した良寛和尚のように遊んでいる。もちろん、それは文字通りの「子ども」ではなく、「駱駝」と「獅子」をへて成った「子ども」であり、「第二の子ども」と言ってもよい。その意味で、「「第一の子ども」が、善悪の区別以前の「善悪の彼岸」で遊ぶ、あるいは生きるということができるとするならば、「第二の子ども」は善悪の区別を超えた「善悪の彼岸」で遊ぶ、あるいは生きるということができるであろう」（圓増 2008：96）。

ニーチェはこうした「幼な子」への成熟の可能性に注目していた。朝夕の窮屈な満員電車のなかでも、街角の汚れた路地裏でも、猛暑の日でも大雨の日でも、「幼な子」は自分の「いま、ここ」を遊び場に仕立ててしまう。衣服でも食べ物でも、鳥でも雲でも、言葉でも表情でも、自分でも他人でも、ありとあらゆる存在を遊び道具に変えてしまう。嫌なことはすぐ忘れ、遊びながら笑い飛ばし、踊りこえていく。「幼な子の幸福」は「奴隷の幸福」とも「主人の幸福」とも次元の異なるもの、あえていえば、「幸福そのもの」である。

5　現代人と幸福

ここまでの考察をまとめてみよう。ニーチェは「私たちの内なる誰にとっての幸福か」という観点から幸福の質的差異を取り出した。まず「奴隷の幸福」がある。安楽や休息が受動的に与えられる状態、「安楽と休息の幸福」である。次に「主人の幸福」がある。能動的な戦いや挑戦、自己や他者や物事を征服する活動にともなうよろこび、「戦いと征服の幸福」である。さらにもう一つ、「幼な子の幸福」がある。遊ぶこと、いつでもどこでも新たな遊びを創り出していくこと、「遊びと創造の幸福」である。

ニーチェも言うように、私たち一人一人は多数の感性的存在の複合体である。分割不能な「個人」(individual)ではなく、複数の「分人たち」(dividuals)から成る共同体である。少なくとも近代人は「主人」と「奴隷」の共同体であった。そこでさらに一歩進めて、私たち現代人は「主人」と「奴隷」と「幼な子」の共同体だとみなすこともできるではないだろうか。私たち一人ひとりのなかに、「奴隷」も「主人」も「幼な子」も呼吸している。私たちは、時と場合により、人生の局面や季節により、これら三つの自分を体験し、それぞれの立場に特有の幸福をあじわうことができる。

だからこそ私たちは、「安楽と休息」を「低い幸福」と感じ、「戦いと征服」の「高い幸福」を求め、ときに「遊びと創造」の「幸福そのもの」に目覚めることになる。それはもはや幸福の高さ低さの感覚さえ無化してしまう。ただ、そのためには「高さ」の感覚が必要なのだ。幼な子の「幸福そのもの」に達するために、私たちは自己の内なる「主人」を自覚する必要がある。ふり返ってみれば、「最大多数の最大幸福」は奴隷の「安楽と休息」という「低い幸福」を幸福そのものと誤認していた。しかし、私たちの内なる「主人」は「戦いと征服」という「高い幸福」を求めている。それと同時に、内なる「幼な子」が「遊びと創造」という、高低を超えた「幸福そのもの」に目覚めていくのである。

二一世紀初めの現在、日本をはじめとする先進社会の多数をしめる市民大衆の場合、「安楽と休息の幸福」はかなり広く行き渡っている。歴史的に見てかつてなく大量の幸福餅が潤沢に供給されている。しかし、「戦いと征服の幸福」は限られた少数者しか手に入れることができなくなった。一部のスポーツ選手や芸能人、企業家、各界のリーダーやその卵たちには自分を奮い立たせる目標があり、すべてを賭けてなすべき仕事がある。戦って征服すべきフロンティアがある。しかし、その他大勢の市民大衆には安全安心な人並みの暮らしを確保すること以上の目標がない。「富国強兵」「経済大国」「立身出世」などの時代は遠く過ぎ去り、個人を包み込む「大きな物語」が衰滅し、社会が個々人に対して生きる目標を与えてくれることもない。

自分を燃焼させるべき目標の欠如は、各人の内なる「主人」にとっては耐え難いことである。ただ、それなりの努力を怠らなければ衣食住は満たされるから、無理な戦いに自己を賭ける必要はない。しかし、戦わなければ「主人の幸福」は手に入らない。何ともいえない不全感が吹き溜まっていく。そこで、奇妙なことだが、「安楽と休息の幸福」の恩恵に浴していないとみなされている人びとが羨ましくなる。「恵まれない人々」や「社会的弱者」、障害者をはじめとするマイノリティの人びとこそが戦うための大義や必然性において恵まれていると思えてくる。その「壮絶人生」がかっこよく思え、人びとは書店に群がる。とはいえ、「五体満足」な自分の「安楽と休息」、それに小さな優越感はなかなか手放さない（赤坂 2001）。

一九九〇年代の日本を震撼させたオウム真理教事件にはこうした不全感の爆発という一面があった。

教祖の麻原彰晃自身がまさに「壮絶人生」の生きた見本であり、そこに恵まれた若者たちの多くが強く惹きつけられたのである。事件当時、教団幹部の手記を読みあさった私には、その一人が書いた高校時代の日記が強く印象にのこっている。名門受験校に通っていた当時、通勤電車のつり革につかまるサラリーマンたちの無気力な表情がイヤでたまらなかったというのである。将来を見切った彼は大学に進まずにオウム教団に飛び込んだ。自分なりに人生の大目標を、「戦いと征服の幸福」に求めた末の悲劇だった。当時、時代遅れの終末論に呑み込まれたオウムの若者たちとは対照的な、最新の社会適応に向かう少女たちが注目された。援助交際でお金をもらい都市に浮遊する少女たちこそ、「終わりなき日常をまったり生きる」知恵、いいかえれば、目標なしに幸福に生きる術を身につけているのではないかと期待されたのである（宮台 1998）。

二一世紀初めの現在、大多数の若者は終末論に走ることも、「終わりなき日常をまったり生きる」こともできずに、中途半端な幸福と不幸を生きているようだ。自分を賭けるべき人生目標がないという根本問題は依然として未解決のままである。この状況から抜け出す方法の一つは、ニーチェの言う「末人」化を徹底させることかもしれない。ほどほどに働きほどほどに遊び、健康に気を配り、人間関係のあつれきを予防し、「安楽と休息の幸福」に漬かり、そうした生き方に疑問をもたないようにすること。ただ、私たち現代人が今なお「主人と奴隷の混血」であり続ける以上、それは望ましいことではない。少数のエリートだけでなく、多くの市民大衆がそれぞれの形で「戦いと征服の幸福」をあじわえるようになることが望ましい。たしかに、私たちが「幸福な社会」を目指すとき、まず何よりもすべての人びとが「安楽と休息の幸福」を享受できることが不可欠である。しかし、それだけでは足りないのだ。「戦いと征服の幸福」の享受もまた欠かせないことを確認しておく必要があるだろう。

ニーチェ的な幸福の遠近法に従えば、「主人」の「戦いと征服の幸福」はやがて「幼な子」の「遊びと創造の幸福」を呼び起こす。「安楽と休息の幸福」が行き渡り、「戦いと征服の幸福」が見直されると同時に、「遊びと創造の幸福」が社会の至るところで発見され、享受されていくこと。これこそが現代の先進社会が目指すべき究極の課題ではないだろうか。今なお貧困、飢饉、戦争、伝染病などに苦しむ発展途上地域の人びとの生活水準を引き上げる援助を惜しまないことは当然の大前提である。だが、同時に、先進社会の住人である私たち自身がその「先進」性にふさわしい幸福を創造していく必要があるだろう。

［注］

（1）晩年のベンサムはこのモットーから「最大多数」を削除し、たんに「最大幸福の原理」を唱えた。たとえ少数であっても多量の不幸（マイナスの幸福）が集中すれば社会の「幸福の総量」は最大化できないからである（土屋 1993）。

（2）ニーチェの遠近法主義（Perspektivismus）についてはアレクサンダー・ネハマスによる美学的な考察が参考になる（ネハマス 2005）。

（3）ニーチェの「主人の幸福」は「戦い」のうちにある。いうまでもなく、この「戦い」を二〇世紀以降の「戦争」と同一視することはできない。この問題については、岡田紀子による以下のコメントがすべてを語っている。「現代の戦争は一九世紀人ニーチェが知っていた戦争から想像可能な類のものでは全然ない。……現代の戦争はすべてを根こそぎにする。かつては国は破れても山河は残っただろうが、核兵器や化学兵器によって大地は人間以外の生命も含めて徹底的に毀損される。……現代の戦争は汚い。……それゆえニーチェに抗して私は言うが、現代では戦争は許容されえない。私はニーチェの言う人間の育成の見地から語っているのである」（岡田 2004 : 232）。岡田が指摘するように、一九世紀末に活動を終えたニーチェは第一次世界大戦から始まる大量殺戮兵器や国民総力戦を知らない。ましてや原爆やホロコーストの悲劇も知らない。ニーチェのいう「戦い」や「戦争」はなお近代戦以前の軍人同士の名誉ある戦い（＝いくさ）を指していたように思われる。そして、この「名誉あるいくさ」としての「戦い」の比喩は、現代における「主人の幸福」にとっても依然として重要性を失ってはいないはずである。

（4）この点については、清水真木による次のような解説がある。「しかしながら、私たちは日常生活の中で、このような奴隷一揆またはユダヤ的価値転換の事実に気づくことはありません。キリスト教道徳、これを前提とする近代の民主主義は、出来損いが自らの身を守るために発揮した狡知の結果であるということ、人類全体の福祉を著しく妨げる錯誤であることに気づくのも容易ではありません。というのも、私たちが生きているのが、すでに奴隷一揆が成功して奴隷道徳が君主道徳に勝利を収めてしまった世界、賤民の視点がすみずみにまで浸透した世界に他ならないからなのです」(清水 2003 : 88)。

(5) 氷上英廣による訳文中の「おしまいの人間」をより一般的な「末人」に表記変更している。以下同様。

(6) もっぱら他人から傷つけられることが未然に防止するための「予防的やさしさ」が、二一世紀現代の「やさしさ社会」に蔓延していることが指摘されている(森 2008)。ニーチェもすでに一九世紀末にこうした傾向に気づいていたようだ。「結局かれらがひたすら望んでいることは、一つである。誰からも苦痛を与えられないということだ。そこで先廻りして、だれにも親切をつくすというわけだ」(ニーチェ 1970 : 42)。

(7) ハイデガーによる「末人」の説明も参考になる。「最後の人間とは〈ほどほどの幸福〉をめざす人間であり、きわめて抜け目なくすべてを心得、すべてを営んでいるが、そうしながらすべてを無難化し、中位のもの、全面的平凡の中へ持ちこんでいく。この最後の人間のまわりでは、すべての物事が日毎に小さくなる。……超人とは架空の存在ではない。超人とは、この最後の人間を最後の人間として認識し、かつ克服する者である」(ハイデッガー 1997a : 338-9)。

(8) もっとも、「末人」にも一抹の不安がある。「われわれは幸福をつくりだした」と言うたびにまばたきしてしまうのだ。まるで互いの申し合わせでもあるかのように。とはいえ、幸福な気分は揺らいでいない。

第六章　新たな成熟の問題

1　「大人になる」ということ

今年もまた誕生日がやってきた。四〇代後半にさしかかったのだが、どこか他人事のような気がしている。自分のなかの「中年」のイメージと実際の自己認識の間に大きな落差があるからだ。「くたびれ四〇男」というほど疲れてはいないが、「四〇にして惑わず」の境地にはまるで程遠い。いい意味でもわるい意味でも、「人生を生き抜いてきた」とか「年輪を重ねてきた」という実感がない。これは個人的な怠惰と幸運の問題かもしれない。しかし、それ以上に、現代日本人の長寿化と高齢化という社会環境に由来するところが大きいはずだ。

国立社会保障・人口問題研究所が毎年公表している人口統計資料集に「性別特定年齢までの生存率」という表がある。これを見ると、大正末期（一九二一～二五年）では、その時期に生まれた新生児一〇〇人のうち一五才まで生きられるのは、男七二人、女七三人と計算されていた。それが現在では、男女とも九九人以上になっている。大正生まれの人びとの場合、一五才になるまでに同世代の三割近くがすでに亡くなっていたわけである。さらに時代を遡れば、生きのこるほうが少数派だったかもしれない。これに対して今では、ほぼ全員が確実に生きのこることができる。成人式の重みがかつてほど感じられなくなったのも無理はない（国立社会保障・人口問題研究所 2002; 2020）。

同じように、一〇〇人の新生児のうち六五才まで生きられるのは、大正末期では男三一人、女三五人。それが平成期（二〇〇二年）では、男八四人、女九二人と計算されている（ちなみに、二〇一八年では男九〇人、女九四人まで上昇している）。大正生まれの場合、六五才に達するまでには同世代の七割がすでに亡くなっている。これなら文字どおり「生き抜いた」という実感がありそうだ。他方、平成生まれの場合、八～九割の人が幸いにも生きのこることができる。大正生まれの人が一五才になるよりもずっと確実に六五才に達することになる。すると、大正生まれの「青年」のほうが、平成生まれの「老人」よりも、人生を「生き抜いた」ことになるのだろうか。こんなふうに考えてみると、先祖代々語り継がれてきた「年齢」のイメージが、現代人の身にそぐわなくなってきたのも理解できる。

現代の日本は、わずか数世代のうちに、昔の人の想像を絶するような、歴史上かつてない長寿社会を現実のものにしてきた。今や平均寿命はしだいに天井に近づき、これ以上の飛躍的な伸びは期待できない。だから、今後何十年かすれば、この現実に見合った新しい「年齢」イメージが定着してくるかもしれない。けれども現時点では、これほどの長寿社会を生きていくことはまだ誰もうまく消化していない未知の経験である。四十代なかばの男性の平均余命はなお三五年ほどある。なんと、まだ人生の半分を過ぎたばかりである。長寿化が進む以前の年齢イメージに翻訳すれば、せいぜい三十過ぎくらいになるのではなどと都合よく考えてしまうこともある。「くたびれた」とか「惑わず」とか、人生を「生き抜いてきた」かのような表現がしっくりしないのも当然なのだ。

そんなことを考え、今どきの年齢イメージに戸惑いながら、ここ数年、切実に願っていることがある。それは「大人になる」ことだ。四十代なかばになって、「大人になりたい」などと言うのは気恥ずかしい。しかし、事実だから仕方がない。それに、今の時代、私のような四十代は少なくないのではないかと、開き直ってもみたい。そうすると、現在の社会で「大人になる」ことの意味、さらには価値について、少しまとまったことを言えそうな気がするからである。

もちろん、「大人になりたい」という願いは、もう大人になったと思っている人には無意味である。反対に、大人になりたくないと考える人、年をとっても「青年」でいたい人にとっても無意味だろう。それに、そもそも自分が大人かどうかなど考えるのすら無意味だという人もいるはずだ。そこで私のような願いは、「大人」に価値を見いだしているものの自分はまだなれていないと思う人にとってのみ、切実なものとなる。とはいえ、案外このタイプの人は、公言こそしないものの、幅広い年代にわたって少なくないのではないだろうか。というのも、「大人」の意味には一定の幅がある。そのプラス面に気づくことで、「大人」の価値を再認識させられる機会も少なくないからである。

私は一九七〇年代後半に学生生活を送った。卒業したちょうどその頃、「モラトリアム人間」が流行語になった（小此木 2010）。すでに就職していたが、だからこそ内心ドキッとさせられた。周囲から「これで一生決まりだね」などと言われたが、心のなかではまだまだ何も決まっていなかった。この社会のなかで自分が何者であるか、アイデンティティの決定を先延ばしにしていた。そして、一抹の不安を抱きながらも、それで良しとしていた。やがて三〇代で転職もしたが、心理的にはずっとモラトリアムが続いていたと思う。私のような典型的なモラトリアム人間は、「大人」に対してもっぱら否定的なイメージを抱くものである。確固とした社会的アイデンティティをもたずにいること、いつでも何にでもなれそうな気分を保つこと、ずっと「青年」のままでいること、それを望んでいたからだ。

ところが、四十代になると、少しずつモラトリアムに飽きてきたように思う。周囲がもう青年扱いしてくれなくなるという現実もある。だが、それ以上に、自分のなかで未決の青年気分におさらばしたいという願望が現れてきたのが大きい。それには二つの方向がある。一つは、疲労や倦怠からくる定住願望である。ずっと「本当の自分はまだどこかにある」と思ってきても、一生の間にできることは次第に限られてくる。ならばいっそ降参して、この現実を受け入れて身を固めよう。今まで嫌がっていた世間並みの「大人」になろう、というわけである。実際、そういう形で大人になっていく友人・知人も多く、その影響を受けていることもある。

しかし、それだけではない。もっと大きいのは、新しい脱皮願望である。いい加減この辺で青年から脱皮して、すっきりした大人になりたいものだ。これまで青年であることにプライドを持ってきたのだが、青年とは案外、暗くて辛いものなのかもしれない。人知れず理想や野心を抱え込み、「人生の意味」

を求めて悶々とし、とかく深刻になりがちだ。そんな青年は卒業して、与えられた日々の生活をあじわい、仕事を楽しみ、遊びに精を出す大人になるほうがよくはないか。そういえば、明るく軽快で、周囲に快感を与えてくれる中高年の人たちと出会う機会が増えてきた。そんな大人になりたい。どうもこれが私の脱皮願望の核心にありそうだ。

すでに明らかなように、私は「大人」という言葉を多義的に使っている。というよりも、この言葉自体がすでに多義的なのだ。そこでしばらく、「大人」という言葉に耳を澄ませてみよう。まず、「大人」は法律上の「成人」と似た意味で、たんに年齢や体格の区分を指すことがある。「大人料金」や「大人用オムツ」などの用例、あるいは「大人になったら（＝大きくなったら）何になりたい？」という表現を考えればよい。この「大人」は価値判断を含まない中立語である。この意味で「大人」と呼ばれたからといって、子どもより偉いわけでもなく、人として高く評価されたわけでもない。ただ一定の年齢に達し、身体も大きくなっただけのことである。

ところが、「大人」という言葉は価値を帯びることがある。これが大事な点なのだ。「あの人は大人だね」と言えば、通常、その人を褒めていることになる。反対に、「あなたは大人じゃない！」と言われて嬉しく思う人は少ないだろう。一般に、「大人になりたい／なりたくない」「彼女は大人だ／大人じゃない」などの会話のなかでは、「大人」は価値語になっているといってよい。もちろん、モラトリアム人間にとってはマイナス価値を帯びているのだが、それは「大人」が望ましい姿あるいは価値ある存在としてプラスに評価されてきたことへの反発でもある。

それでは、この「大人」の望ましさの実質は何なのだろうか。これもまた一つではないことに気づかされる。すでに述べた定住願望と脱皮願望はこの点に関連している。まず思い浮かぶのは、組織であれ家庭であれ、社会的な役割に十分に馴染んだ「社会人」としての望ましさだろう。社会的にも心理的にも安定していて責任感があり、仕事や生活の上で頼りになる。その上、自制心があって他人に寛容であり、自己を客観視できる。共同生活上の上役、そんなイメージだろうか。このような意味でプラス価値をもつ「大人（オトナ）」の意味合いは何百年という歴史をへて、この言葉のなかに根づいている。たとえば、すでに平安時代には地域の一族・集団のリーダー格は「オトナ」と呼ばれていた。中世の郷村の代表者は「乙名（オトナ）」であり、戦国大名の家老格は「宿老（オトナ）」と呼ばれていた。歴史的に、「大人」はムラ共同体の指導者として人の上に立つ人のことを指していた。そのため、「大人」の語には現在もなお「どっしりと貫禄のある重さ」のような響きがのこっている。望ましい「大人」の正体は、まず何よりもこのムラ的な成熟のうちにあるようだ（宮原 1998）。

しかし、さらに言葉に耳を澄ますと、「大人」の望ましさはムラ的成熟に尽きないことがわかる。たとえば、「大人」からは「自由である」「洗練されている」「上質のものを知っている」「遊び心がある」「洒脱である」など、また別のニュアンスも聞き取られないだろうか。ムラ共同体のなかで確固たる地位を占めているというよりも、むしろ共同体の外に出て一個人として自由に人生を楽しむことのできる人。重厚で貫禄あるというよりも、軽快で垢ぬけた感じ。「社会人」としてというよりも、「個人」として成熟している。もちろん、それなりに安定していて、常識も自制心もあり、他人に寛容で自己を客観視できる。こういう意味で望ましい「大人」は都市的成熟のイメージと関係しているにちがいない。遠くは西行や良寛のような脱世間的な自由人まで遡れるかもしれない。少なくとも、江戸の遊郭で消費生活を楽しんだ通人たちの価値観とはつながっている。「自由で粋な人こそ大人だ」というイメージは現在でも生きている。

いいかえれば、「大人」という言葉はムラ的成熟と都市的成熟という少なくとも二つの意味を含んでいる。それがプラス価値を帯びるのは、ムラ的にいえば「立派な人」「人格者」「人の上に立つ人」だからであり、都市的にいえば「自由な人」「垢ぬけた人」「上手に遊ぶ人」だからである。だから、一口に「大人になりたい／なりたくない」といっても、どちらの意味でいっているのか整理しないと話が混乱してしまう。

今思えば、私のようなモラトリアム人間が「大人になりたくない」と思っていたのは、ムラ的成熟に対する反発だったのかもしれない。「大人」といえばムラ的大人というイメージしか持てなかったために、心理的モラトリアムに逃げ込んだのだ。それでも、年齢が上がるにつれて、私たちは現実社会の要求に応じざるをえなくなってくる。現代日本はすでに一個の巨大都市になったとはいえ、この都市のなかには無数のムラがある。社会生活の現実はムラを抜きにしては考えられないし、今後もそうだろう。そうだとすると、一定のムラ的成熟はこれからも避けられない要請であり続けるだろう。私が「大人になりたい」第一の方向性、社会のなかでしっかり身を固めた大人への定住願望とは、そうしたムラ的大人への願望のことであった。

ところが他方では、現代社会はますます都市化されていく。個人と個人が流動的関係を結び、対等な立場でつかずはなれず交流し合う場がますます増えてくる。そうすると、都市的成熟のための機会もかつてのように一部の資産家や芸術家だけに限定されなくなってくる。いわば誰もが都市的大人になる機会が広く開かれてきているのである。だとすれば、私の「大人になりたい」第二の方向性、自由に生活を楽しむ垢ぬけた大人への脱皮願望とは、そうした都市的成熟への願望を指すことになるだろう。なにしろ、共同体や組織と一体化した社会的成熟ではなく、自由な一個人としての成熟を望むのだから。

ただ、私がそうなりたい「すっきりした大人」は「自由で」「遊びがある」人なのだが、必ずしも「洗練されて」「上質のものを知っている」必要はない。「粋な大人」にしろ「遊ぶ大人」にしろ、従来の都市的成熟のイメージではどうしても都会の「洗練」された文化やマナーの習熟が強調される傾向がある。だが、何も「粋」でなくても「垢ぬけた人」「自由な人」「遊びがある人」はいる。大切なのは、実利や権力をめぐる執着や束縛から自由であること、軽快に生きていること、人生や社会と遊び戯れることをよく知っていることである。

2　ニーチェのいう成熟

ムラ的成熟に向かう定住願望は、周囲の人びとからの要求や期待に応えていく伝統的な社会適応である。これに対して、都市的成熟への脱皮願望は個人による自己創造という現代的な自由の表現としての性格をもっている。後者の「大人への脱皮」のイメージは、ニーチェの「成熟」論のなかで深く静かに語られている。

ニーチェは、「子ども」「青年」「大人」という三者の関係について、常識とは異なる面白い見方をしている。一般に、人は青年になり大人になるにつれて、子どもからどんどん離れていくものと考えられている。子どもから青年へ、青年から大人への道を直線上に並べて、しだいに距離が遠くなっていくものとイメージされている。ところが、ニーチェの場合、青年は一種の折り返し地点なのだ。人は青年になることで子どもから遠ざかる。だが、そこから大人へと脱皮することで、再び子どもに近くなる。ニーチェのいう大人とは、青年から脱皮し、再び自分の子どもらしさを取り戻した「大人＝子ども」のことなのである。

ニーチェによれば、「男性の成熟とは、――子供のころ遊戯のおりにみせた真剣さをふたたび取りもどしたこと」をいう（ニーチェ 1993c : 126）。人が成熟するということは、遊ぶ子どもの一途さを再び身につけることである。子どもが遊びに熱中できるのは、目の前の活動以外の余分なものをきれいさっぱり忘れることができるからである。過去も未来もなく、「いま」を楽しみ、その楽しんだことさえ、すぐ忘れることができる。目的もなく課題もないから、執着もなく束縛もない。「幼な子は無垢である。忘却である。そしてひとつの新しいはじまりである。ひとつの遊戯である」（ニーチェ 1967 : 40）。

ところが、青年は子どもを否定する。自分はもう子どもではないということに過剰なプライドをもつ。青年は目的をもち、理想を追う。世界や人生に意味を求め、それに執着し束縛されて悩む。過剰な自意識は「いま」を遊ぶことを許さない。「子供のころ遊戯のおりにみせた真剣さ」を失い、ともすると悩み、傷つき、憂鬱になる。青年は子どもよりずっと「重く」なる。しかし、その「重さ」「深刻さ」「憂鬱」こそが青年の特権である誇りなのである。

ニーチェの『ツァラトゥストラはこう言った』は福音書の口調を真似ている。ただ、イエスの活動開始が三〇才だったのに対して、ツァラトゥストラはさらに一〇年を山中で過ごして成熟のときを待つ。四〇才になって初めて山から街に下り、教えを説き始めるという設定になっている。そのツァラトゥストラ＝ニーチェからすれば、イエスはまだ「未熟」な青年であった。そしてあまりにも若くして死を迎えた。もし「かれがわたしの年齢にまで達したら、かれみずからその教えを撤回したであろうに！　撤回するほど十分に高貴な人間で、かれはあったのだ！」と語られている。もしイエスに十分に成熟する時間があれば、「あるいはかれは生きることを学び、大地を愛することを学んだかもしれない。――さらに加えて笑うことも」できたかもしれない（ニーチェ 1967 : 123）。ニーチェは、なかば自分をイエスに重ね合わせながら、「子ども」と「大人」の狭間にある「青年」の特異性を浮き彫りにする。

しかしかれはまだ未熟であった。およそ青年は未熟ながらに愛し、未熟ながらに、また人間と大地を憎む。青年の心情と精神の翼はまだ縛られていて、重い。

しかし成人《おとな》のなかには青年のなかよりももっと多くの子供があり、青年にくらべて、より少い憂

鬱がある。おとなは、死と生をさらによりよく理解する。（ニーチェ 1967 : 123-4）

ここで語られているように、青年ではなく大人のなかにこそ多くの子供があるという認識は新鮮である。やはりニーチェのいう成熟は、青年の延長上にあるのではなく、青年の克服による子どもの再獲得のうちにあるのである。ニーチェはこうした認識を得てもなお、青年の憂鬱をひきずってしまう自分自身に教え悟すかのように語る。「幼な子になって、羞恥をすてることとです。青春の誇りがまだあなたにつきまとっているのです。あなたはおそく青年となった。しかし、幼な子になろうとする者は、おのれの青春をも克服しなければなりません」（ニーチェ 1967 : 257）。すなわち、成熟するということは自分の子どもらしさを再び取り戻した大人＝子どもになることである。そのためには、いつまでも青年特有のプライドに執着していてはならない。その意味で、ニーチェ的な意味の成熟とは「青年の克服」による「子どもの再獲得」なのである。

ニーチェは青年の価値を否定しているのではない。ただ、さらなる成熟への道は「青春の克服」なしには進めないことを指摘しているのである。その意味では、青年はあくまでも折り返し地点なのだ。一度は重く深刻になった青年がふたたび軽くなり、笑いと踊りを学び直し、「幼な子」のように夢中に遊ぶ大人へと変身することを勧めているのである。一言でいえば、大人は青年よりも子どもに近い。私はこういう大人のイメージがこれからの時代に浸透していけばよいと思う。ニーチェの成熟論は「大人になる」ことの意味をよりポジティブな方向に転換させる契機になるはずである。

大人のイメージ転換に向けて、個人的心情を交えて考えてみた。こんなことを書いているのは、恥ずかしながら、まだ脱皮できていない証拠かもしれない。月に二、三日は「すっきりした大人」の心境になり、「大人っていいなあ」と心底から思えるのだが、しばらくするとまた元のモラトリアム人間に戻ってしまう。これは私個人の問題を超えて、多くの現代人が抱えている問題なのではないだろうか。成長と発展をひたすらに急いだ近代社会は「青年」を高く評価し、伝統的な「大人」の存在意義を揺さぶってきた。そこで多くのモラトリアム人間が発生したのだが、気がついてみると近代という「青年の時代」そのものが通り過ぎて行く。いつまでもモラトリアムにとどまるわけにはいかず、新しい「大人」のイメージが必要になってくる。ニーチェのいう「成熟」にあらためて注目していきたいのである。

3　成熟社会の可能性

ニーチェのいう「青年の克服」としての成熟。これはおもに個人のレベルで語られているが、社会のレベルでも重要な視点を提起しているのではないだろうか。なぜなら、ここ三〇〇年の間、世界中を席巻してきた成長志向の近代社会は、今ふり返ってみれば、人類の「青年期」だったとみなすこともできるからである。

資本主義経済や科学技術の飛躍的発展に見られるように、近代社会は人類史上かつてない上昇・成長志向を内蔵した社会である。この上昇・成長志向は個人間、組織間、国家間の激烈な競争を原動力としている。そこでは青年らしい理想主義と奮闘努力が支配的価値となり、医療技術の革新と普及もあいまって、先進国を中心に市民大衆の生活水準と平均寿命を飛躍的に改善してきた。何よりも、ほぼ誰もが老年まで生きられるようになった時代は歴史上かつてない。たとえば日本の平均寿命は、明治以降の近代化によって、急速に伸びた。幕末期の推定平均寿命は三八才程度だったが、わずか一五〇年の間に現在の八四才まで伸びている。

本章の初めにも紹介したように、この急激な長寿化は「特定年齢までの生存率」を調べるとより身近に実感することができる。今からおよそ一〇〇年前、日本で全国国勢調査が始まった頃、「生まれてから六五才まで生きる」人は同世代の三割強に過ぎなかった（一九二一～二五年で男性は一〇〇人中三〇・五二人、女性は三五・〇二人）。これに対して現在では、同世代の九割以上が六五才に達する（二〇一八年で男性は一〇〇人中八九・五一人、女性は九四・四七人）。現代日本（そして、欧米先進国やアジアの新興国）はこの世に生を享けた人の大多数がかつての「老人」の齢まで生きていくことのできる、史上かつてない長寿に恵まれた社会である。アフリカの平均寿命はまだまだ改善の余地が大きいが、それでも一九五〇年代の三十代から現在の六十代まで大幅に伸長してきている（国立社会保障・人口問題研究所 2020）。

欧米や日本の例に見られるように、近代社会は爆発的な「成長社会」であった。それは個人、組織そして国家間のたえざる競争を通じて産業生産力と科学技術を飛躍的に発展させながら、増大する人口の物質的欲求をそれなりに充足させ、人類史上かつてない大衆長寿社会を実現させてきた。現在の開発途上国も先進国並みの生活水準と長寿を実現すべく近代化を急いでいるのが現状である。

しかし、他方では、近代の成長社会はそのピークを過ぎたことが誰の眼にも明らかになってきた。とりわけ先進国の場合、経済や人口の伸びは鈍くなり、かつての「右肩上がり」の拡大発展が期待できなくなって久しい。生活必要品の市場は飽和し、あとは新奇な技術開発や広告宣伝を通して無理にでも新たな需要（欲望）を作り出しているのが現状である。それどころか、飛躍的な人口増加と激化する経済競争はエネルギー消費の爆発的増大をともない、二酸化炭素の大量排出による地球温暖化をはじめとする深刻な地球環境問題を引き起こしている。二〇二〇年の新型コロナ・パンデミックもその根本原因は近代の成長社会がもたらした地球環境破壊とグローバル経済の拡大にともなう人びとの移動の加速化にある。現代世界は人間活動がその基盤となった自然そのものを改変していく、地球史の新たな時代としての「人新世」（アントロポセン）に入ったともいわれている。

近代の成長社会がピークを過ぎた今、人類社会が向かっている方向は「成熟」社会ではないだろうか。無限の発展、拡大、向上への奮闘努力が個人・組織・国家間の果てしない闘争を呼び込み、かつてない自然環境破壊をもたらした人類の「青年」期にいつまでも固執することは避けたいものである。私たちは青年的理想主義のもつ重さや深刻さ、余裕のなさや傲りから脱出し、成熟した大人の軽さや自由さ、ゆとりや謙虚さを学んでいくことが必要になるだろう。ニーチェ流にいえば、人類社会のレベルでの「青年の克服」である。

J・M・ケインズは一九三〇年代に「孫の世代の経済的可能性」と題されたエッセイを書いている。ここでケインズは当時の欧米諸国の経済発展を長期的視点から展望し、人びとが苛酷な生存競争から解放される、ゆとりある成熟社会の到来に言及している。人類が当時のペースで技術革新による生産力拡大を続けていければ、そう遠くない将来、先進国を中心にすべての人びとが一日三時間の労働で生活できるようになるだろうというのである。しかし、同時に、その時こそ人類の前に歴史上かつてない根本的問題が現れてくるともいう。「人類の誕生以来はじめて、人間は真の永遠の問題に直面することになる。それは、金銭的必要性に煩わされない自由をどう使うか、余暇をどのように活用して賢く快適に暮らすか、という問題である」（Keynes 1932）。

ケインズの予言の半分は的中した。九〇年後の現在、技術革新はさらに着実に進展し、ロボットの導入や人工知能（AI）の発展を通して人びとの労働時間は実際にかなり短縮されてきた。現在の世界は、とくに先進国を中心に、全員が一日三時間の労働で生活することを可能にするくらいの巨大な生産力を手にしている。しかし、それと同時に、貨幣獲得をめぐる個人間、企業間、都市間、国家間の競争も激化し、いまだに労働中心の社会が続いている。この現状はまるでケインズの指摘した「余暇をどのように活用して賢く快適に暮らすか」という課題を先送りしているかのようでもある。

ここには現代の資本主義的文化の問題がある。資本主義はつねに新たな欲望を刺激し、他者との勝ち負けを競わせる。なかなか「これで満足」ということにさせないのである。しかも貧富の格差が大きいため、大多数の人びとにとって「上に登る」快感や「下に落ちる」恐怖が切実なリアリティをもっている。とくに、安定した経済成長が期待できなくなって久しい現在、市民大衆の大多数にとってもっとも切実に感じられているのは「下に落ちる」恐怖だろう。現代の経済社会はこうした恐怖を介した個人間、組織間、都市間、国家間の激烈な競争によって駆動されている。ケインズの指摘した「余暇をどのように活用して賢く快適に暮らすか」という根本的課題に向き合う前に、互いの間の競争に追い立てられ、必ずしも必要のない労働や闘争に疲弊しているのである。

とはいえ、ケインズが指摘したような文化的・精神的な豊かさの問題は広く認識されている。第二次大戦後の欧米・日本の高度経済成長が終焉を迎えた一九七〇年代には、デニス・ガボールが「成熟社会」(mature society)について提唱している。それは「人口や物質的消費の成長はあきらめても、生活の質を向上させることはあきらめない世界であり、物質文明の高い水準にある平和で人類の性質と両立する社会」のことである(ガボール 1973)。ガボールのいう「成熟」は、量的な拡大・成長を手放す代わりに質的な充実に向かうことを意味している。ここには量的な豊かさから質的な豊かさへ、競争から協働へ、浅い快楽から深い幸福へという文明論的な転換があることに注目したい。「成熟」という言葉はしばしば、「市場が成熟(＝飽和)して消費が伸びず、経済成長や社会活力が衰退する」といった、ネガティブで近視眼的な意味で使われることがある。しかし、「成熟社会」は本来ポジティブで視野の広い、文明論的な概念である。こうした文明論的な意味では、現代社会はなお未成熟であり、「成熟社会」への入口に立っているにすぎないことを確認しておきたい。いいかえれば、現代は「成熟社会」へ向かう過渡期にあるのである。

「成熟」は「衰退」ではなく「定常化」とよく響き合う概念である。近現代の「成長」社会がやがて成熟して行き着く先はある種の定常化社会であるにちがいない。そこでは世代から世代にわたって、人口や経済活動が拡大も縮小もせず、ほぼ一定に保たれる社会状態が出現する。人類の歴史を俯瞰すれば、狩猟・採集生活が安定化した時代（二〇万年前〜一万年前）と農耕開始後しばらくして再び安定化した時代（一万年前〜三百年前）という二つの定常化時代があったとされる。だとすれば、近代の成長社会がピークオフした現代（二〇世紀末〜）は第三の定常化時代への入口なのではないかと思われてくる。ひたすら未来志向の成長と発展を急いできた「青年」の社会から新たな現在志向のゆとりと遊びを取り戻す「大人」の社会への変容がしだいに現実化してくるように思われる。ニーチェのいう「青年の克服」としての成熟、「遊びと創造の幸福」への覚醒は、こうした「成熟社会」のイメージと響き合うのである。(1)

4　閑暇と共歓をめぐって

社会の成熟は基本的に私たち市民大衆の成熟にかかっている。私たち一人一人が生活の愉しみ方を学び、「幼な子」の「遊びと創造の幸福」に目覚めていくことが大切なのである。ところが、現代社会に生きる私たちの現実はそうした期待からはなお遠い。あらためてニーチェの洞察に学びながら、この問題を考えてみよう。

『悦ばしき知識』に「閑暇と怠惰」をめぐる興味深いエッセイがある。これを読んでいくと、まるでいま現在の私たちの生活について語られているような気にさせられる。すでに一八八〇年代のヨーロッパ人がそうだったように、私たち現代人の多くも、やはり急かされるように「時計を手にして物を考え」ているのではないだろうか。

ひとびとは、今ではもう安息を恥とするようになった。長い時間にわたる沈思は、ほとんど良心の呵責をひきおこすほどになった。ひとびとは、株式相場新聞に眼をやりながら昼飯を食べるように、時計を手にしてものを考える、——絶えず何かを「逸しはしまいか」と懸念する者のような様子で生活する。(ニーチェ 1993b : 342)

時おり時間に余裕ができて、ぼんやりと自分の考えに沈み始める。すると、ものの十分もしないうちに不安がやってくる。こんなにのんびりしていて、いいのだろうか。時間を無駄にしてはいないだろうか。みんな忙しく働いているのに後ろめたい気もする。みんなに置き去りにされるぞ。何かやるべきことがあるはずだ。まずは、ネットで最新ニュースをチェック。いや、ついでにメールもチェック。情報の遅れは致命的だ。と、こんな感じで、私たちは「閑暇」をゆったり楽しめなくなっている。しかも、ニーチェの時代よりもはるかに細分化された時間に慣れてしまったように見える。

久しぶりに出会った知り合いから「どう元気？　忙しい？」と言葉をかけられる。とくに元気でもなく、忙しくもないのだが、「うん元気。忙しいよ」と答えてしまう。たまに冗談半分で「いや、元気ない。ひまだし」と言ってみる。相手は一瞬息をのみ、やがて憐みと羨望の混じった苦笑いを浮かべる。朗らかに笑ってくれる人は少ない。若い友人に電話すると、いきなり「お疲れさまです！」と挨拶される。「疲れてないんだけどね」と返すと、一瞬の戸惑いの気配が感じられる。爽やかに応じてくれる人は多くない。これほどまでに「忙しい」「疲れている」を崇める風潮はつい最近のことにように思える。しかし、ニーチェはすでに一八八〇年代のヨーロッパで似たような雰囲気を感じとっていたのである。

儀礼に対し、婉曲なお世辞に対し、楽しい談話に必要なすべてのエスプリに対し、また一般にあらゆる閑暇《オティウム》に対し、ひとびとはもはや何らの時間も力量も持ちあわしていない。なぜなら、利得を求めて狂奔するその生活が、ひっきりなしに彼らの精神を、絶えざる自己欺瞞や策謀や抜け駆けなどに使い果たさせ疲労困憊させるように、強いるからである。（ニーチェ 1993b : 342）

日々の株価や景気の動向が最大の関心事である現代人もまた、「利得を求めて狂奔する」。情報コミュニケーション技術を駆使して、いよいよ高速の競争を強いられている。しかも、たんに経済的利得だけでなく、社会的評価や安全安心という社会的利得を求めて多面的な競争を余儀なくされている。榎並重行が端的に指摘するように、「現代の社会において、人々が崇めているものといえば、一方に金銭、他方に安全、に尽きる」（榎並 2012 : 87）。そしてそのすべてが人びとの間の社会経済的な地位をめぐる競争と連動している。ニーチェの時代にすでにみられた「絶えざる自己欺瞞や策謀や抜け駆け」には、さらに一層の「スピード感」が要求されるようになった。

日本を含めた現代の先進国では、多くの市民大衆は必ずしも日々の労働に縛りつけられることなく、衣食住の基本的必要を満たし、老年を迎えることが可能になった。その上で、多くの人びとが工夫次第で余暇や閑暇を創造的に楽しむことができるようになった。ところが現実にはなかなか労働中心の生活から脱出することができないでいる。衣食住をめぐる絶対的な貧困の恐怖から解放されると、今度は他者との比較における相対的貧困への恐怖がせりだしてきたのである。「あらゆる行動、出来事を評価するにあたって、大多数の人々は、多数を形成していると思われる自己の集合形象、要するに「皆」の価値感情（例えば、市場での成功や大規模媒体への露出などにその頂点を置くようなうらやましさやあこがれといった感情の位階）と意見（いわゆる世論）に依存する」（榎並 2012 : 18）。

相対的貧困の問題は他人との比較の問題であるから、明快な解決はなく、不安はいつどこまでもつきまとう。そこで私たちは日々無意味な労働を作り出し、他人との競争に自分を縛りつける。自分自身のもとでやすらぎ、自己や他者や自然や都市の魅力をゆっくりとあじわい、自分の考えを深めていく「閑暇の愉しみ」はまたしても置き去りにされてしまう。「閑暇」はたんなる無駄として排除されるか、余分な贅沢として敬遠される。さらには、他人が愉しんでいる「閑暇」にルサンチマンを抱くようにさえなる。それでも私たちは心の底では「閑暇の愉しみ」に憧れてもいる。だからこそ、そこに無駄や敗北を読み込むことで自らの願いを抑圧してしまうのだ。これこそがニーチェのいう「絶えざる自己欺瞞」である。

> 今日における真の徳性は、他人がやるよりも少ない時間で何かをするということである。こんな風だから、やればやれる誠実のための時間とては、ごく稀にしかない。けれど、その時間には、ひとびとは疲れていて、「気楽に」したいばかりでなく、ながながと五体をひろげて不様にも横になりたいぐらいなのだ。……ああ、わが教養人士や無教養人に見られる「悦び」におけるこのつましさは、どうだ！　ああ、あらゆる悦びに対するこの増大する疑惑ときたら！　労働がいよいよもって良心の安らぎという安らぎのことごとくを自分の味方につける。悦びを求める心の傾向は、いまや「気晴らしの必要」と自らを名乗り、自分で自分を恥としはじめている。（ニーチェ 1993b : 342-3）

「やればやれる誠実の時間」とは、自分さえその気になれば誰からも干渉されない自由な時間、自分が自分に対して素直に接することのできる時間のことである。そうした時間がポカッと空いているときがある。けれども、そのときはもう、私たちは労働と競争の生活に疲れ切っていて、ただひたすら安楽と休息に浸りたくなる。「閑暇を愉しむ」のではなく、「休養の必要」や「気晴らしの必要」のために時間を使う。自分が自分と一緒にいることの悦びをあじわうのではなく、再び自己という社会的資本の補修整備にとりかかる。

ニーチェの言う通り、私たちは貨幣や地位や評判を貪欲に追求するのに、自分自身の悦びをあじわうということに関しては不思議なほどつつましい。たとえ自由に楽しむことのできる時間が与えられても、あくまでも「気晴らしの必要」というお墨付きがなければ安心して楽しめないかのようだ。だが、それはまだ強制された娯楽消費であり、ゆとりある「閑暇の愉しみ」ではない。また、「あらゆる悦びに対するこの増大する疑惑」もその通りだ。自分自身に悦びがやってきても、素直に迎え入れることができない。その悦びが世間で認められているという確信がもてない限り、後ろめたい不安がつのる。さらに、「労働が良心の安らぎを味方につける」。実は忙しく労働していれば世間に対して胸を張ることができ、心が落ち着く。労働は人並みの自分を保証してくれると同時に、人並以上の贅沢な要求をする厄介な自分を忘れさせてくれる。労働は生活のためだけでなく、自己忘却のためにも必要になっている。

それにしても、一九世紀末のニーチェの言葉がいまだに新鮮に響くのはなぜだろうか。現代の都市生活の多忙さはよく知られている。「スローライフのすすめ」「仕事だけが生き甲斐ではない」「趣味を豊かに」「他人と比較しない」といった声は巷に溢れている。日常生活を支配する労働と生産性の論理に疑問を投げかけ、過熱するグローバル資本主義を批判する言説も大量に流通している。にもかかわらず、私たちはニーチェの言葉にハッとさせられる。たしかに、私たちは「閑暇を愉しめない」どころか「閑暇にたえられない」のである。ニーチェの言葉は、せっかく獲得された物質的な豊かさが依然として精神的な豊かさをもたらしていないという端的な事実を、私たちの生活の足下から鮮やかに照らし出している。

「閑暇を愉しむ」というテーマはニーチェの成熟論と響き合う。それは「青年」を克服した「大人」が「幼な子」の「遊びと創造の幸福」をふたたび取り戻すことである。その意味で、ニーチェは人びとが何よりも「自分をよろこばすことを学ぶ」ことの大切さをくりかえし語っている。たとえば、『ツァラトゥストラはこう言った』には次のような明快な指摘がある。「人間が存在してこのかた、人間はよろこぶことがあまりにも少なかった。……もしわたしたちがもっと自己をよろこばすことを習得したら、それは、ひとを悲しませたり、有難迷惑なことを考えだしたりするのを、最もよく忘れさせるみちであったろう」（ニーチェ 1967 : 147）。人は自分をよろこばすことができないとき、そういう自分に腹を立て、自分や他人に復讐しようとする。ニーチェが近代的な人間の克服、そして来るべき成熟にかけた希望は「人間が復讐心から解放されること」にあった（ニーチェ 1967 : 167）。ふたたび「幼な子」のように遊ぶこと、笑うこと、踊ることを学んだ人は、自分自身や他人に対する不満や怒りに動かされることなく、人びとの間の「よろこびの交流・交感」（communion in joy）へと導かれていく(McIntyre 1997 : 147)。ニーチェは『曙光』のなかで、自他のよろこびの交流・交感について生き生きと語っている。

他人を喜ばせる。――人を喜ばせることはなぜすべての喜びにまさるのか？――われわれはそれによって自分自身の五十もの衝動を一度に喜ばせるからである。ひとつひとつのものは極めて小さな喜びであるかもしれない。しかし、もしわれわれがそれらすべてをひとつの手の中に入れるなら、これまでかつてなかったほどわれわれの手は一杯になる。——そして心も同様である！（ニーチェ 1993a : 355）

ニーチェはよろこびの交流・交感を「共歓」(Mitfreude) と呼び、「共苦」(Mitleid) に代わる新たな生き方の倫理として提案している。ニーチェのいう「幼な子」の遊戯について考察した圓増治之は、日本の禅僧・良寛の「共歓」的な生き方に注目している。良寛和尚は生涯寺をもたず、やさしい言葉で仏法を説き、地域の人びとに親しまれた。とくに村の子どもたちと遊ぶことを好み、子どものうちに仏心を見ていたといわれる。その良寛がある日、施しをもらいに里に出ていくと、道端で子どもたちが手毬をついて遊んでいる。良寛も子どもたちに交じって遊ぶ。「汝《な》がつけば吾《あ》はうたひ、あがうたへばなはつく、つきてうたひて」日が暮れるまで遊んでしまった。その時に詠まれた歌がある。「霞立つ永き春日を子どもらと手毬つきつつこの日暮らしつ」。圓増はこの良寛の姿にニーチェの共歓の世界を重ねている。(2)

「汝がつけば　吾はうたひ　あがうたへば　なはつく」と良寛は子どもたちと共に騰々《とうとう》として唱い、遊び、共に歓ぶ。その共歓 (Mitfreude) には、騰々たる力がある。共に遊ぶ子どもたちをも騰々たらしめる。しかも良寛と子どもたちだけではない。その共歓にはさらに周りの総てのものを、周りの世界を騰々たらしめる力がある。ニーチェが語るところによれば、道徳的心情の源泉とされる同情（Mitleid）が、人間の力への意志を弱体化し、人類を没落せしめるのに対して、共歓（Mitfreude）は世界の力を増大せしめるという。……良寛と児童たちの騰々たる共歓は、もともとすでに何ものにも囚われることなく騰々たる天真の世界を一層騰々として爛漫に輝き現れしめる。（圓増 2008 : 130）

「騰々《とうとう》」は良寛自身が好んで用いた言葉で、「物事に拘泥しない、自由な様子」「のほほんとした様子」を指している。ニーチェのいう成熟は良寛の周囲にあったような共歓世界に通じているのである。このような共歓世界は新たな成熟の問題を、個々人の生き方と同時に社会の在り方として考えていくときの大切なヒントになるのではないだろうか。

[注]

（1）「第三の定常化社会」の特質として、「量から質へ」（物質的・経済的成長という量的拡大ではなく、文化的・社会的価値の創造という質的価値の重視）、「時間軸から空間軸へ」（ある地域、都市、国家が進んでいる／遅れているという時間軸的な評価ではなく、各地域の風土的・歴史的な個性や多様性の再評価）、「持続可能な福祉社会」（生産活動と日常生活が結合したコミュニティ経済、人と人の関係性を中心とした労働集約的経済、再生可能エネルギーを用いた農業や職人仕事やワークシェアの重視）、「都市型コミュニティの充実」（家族や組織の仲間内を超えた個人ベースの社会的ネットワークの充実）などが指摘されている（広井 2013）。

（2）ニーチェは「同情道徳」を批判したが、三富明が指摘するように、この「同情」と訳されたドイツ語 Mitleid は正確には「共苦」と訳すのが適当である（三富 2000 : 110）。ニーチェはショーペンハウアーの言う、文字通りに「他人の苦悩を自分の苦悩と同一視する」「他人の苦しみ Leid をともに Mit 担う」Mitleid が過剰な自己犠牲や自己放棄への欺瞞的要求をもたらすことを批判し、それとコントラストをなす「共歓」（Mitfreude）を推奨した。ニーチェはけっして「共感」や「思いやり」という意味での「同情」を否定してはいない。この点でも、三富明による丁寧な考察が参考になる。「ニーチェは〈同情〉という名で呼ばれる他者へのかかわり方を必ずしも全面的に拒否しているわけではない。……この〈同情〉は他人の苦しみをあくまでも想像の次元で共有するにとどめるという点で、共苦とは一線を画しているようである。また、〈憐憫〉との隔たりは共苦とのそれを凌ぐと言えるだろう。この〈同情〉に固有の誠実さ、心配りのこまやかさは、憐憫にはつきものの優越感、おしつけがましさ、おもいやりの欠如とは好対照をなしている。……隣人愛がとかく弱者同士の傷のなめあいに終始する傾向に陥りやすいのに対して、この〈同情〉は「固い殻」に包まれており、噛む者の歯を折りかねないとまで言われている。つまり同情する側の者にそれ相応の試練を課すわけである。友に対するこの〈同情〉――あえてこれを名づければ、〈惻隠の情〉とでも言うべきだろうか。……かような友情（及びその一要素である惻隠の情）は、同情と非情の対立を止揚し、ツァラトゥストラの使命でもある自己克服（自己啓発）と他者の救済という二つの難事業を、同時になしとげる可能性を帯びているようにも見える」（三富 1995：204-207）。

第七章　日常性の永遠回帰

1　トリノのニーチェ

ニーチェは健康上の理由から一八七九年にバーゼル大学教授の職を辞し、スイス、南フランス、北イタリアを中心に、空気のよい場所を求めて各地を転々とする生活に入る。旅の生活のなかから、『曙光』『悦ばしき知識』『ツァラトゥストラはこう言った』『善悪の彼岸』『道徳の系譜』などの傑作がつぎつぎに書かれていく。一八八八年四月、彼は北イタリアのトリノの街にやってくる。

トリノを大いに気に入った彼は、夏を高原の保養地ジルスマリーアで過ごしたほかは、この街の中心部に位置するカリニャーノ宮殿の近くに寄宿する。その間も、『ワーグナーの場合』『偶像の黄昏』『反キリスト者』『この人を見よ』などの新著の執筆と出版に精を出していた。翌一八八九年一月はじめ、ニーチェは宮殿前の街路で御者に鞭打たれていた馬を見て動揺し、馬の首を抱きかかえて泣き崩れた。

その前後に各地の友人たちに出された手紙には尋常ならざる気配が漂っていた。心配した友人の一人が急遽トリノに駆けつけ、ニーチェをバーゼルに連れ帰り、精神病院に保護する。その後の彼は妹と母親の世話をうけて療養生活を続け、もはや何も語らず何も書かず、一九〇〇年まで生きていくことになる。

この一年足らずの間に友人たちに送られた多くの手紙を読むと、トリノでの最後のニーチェの姿が目の前に浮かんでくる。それまで肉体的・精神的な苦痛にたびたび襲われていた彼だが、ここトリノではかつてなく気分がよく食欲旺盛、自分でも驚くほど若返り、日々の生活も幸福感に満ちている。街の空気が澄んでいて、散歩を心ゆくまで楽しむことができ、レストランも食事も申し分ない。多くの劇場や書店にも恵まれている。かなり大きな都会でありながら、街並みが端正で美しく、落ち着いた雰囲気をもっている。ニーチェはほとんど一目惚れともいえるトリノとの出会いの幸福をくりかえし語っている。たとえば、一八八八年四月一四日付けのカール・フクス宛ての手紙と、五月一三日付けのラインハルト・フォン・ザイドリッツ宛ての手紙を読んでみよう。ニーチェの上機嫌が手にとるように伝わってくる。

トリーノはご存じですか？　私の心に適《かな》った都会です。しかもただひとつの都会です。落ち着いた、ほとんど荘厳な都会！　歩いてみても眺めてみても、古典的な土地です（それは立派な舗道と、一切が一つになる黄色と赤褐色との色調とによるものですが）！　優れた十八世紀の息吹きです。私たちの感覚に語りかけてくる宮殿、――ルネッサンス風の城ではありません。それに都会《まち》の真ん中からアルプスの山がみられるとは！　街路は真っ直ぐにアルプスの山のなかへと走っているようにみえます！　空気は乾燥して、崇高なほど澄明です。光によって一つの都会がかくも美しくなりうるなどとは、信じてもおらなかったことです。私のところから五十歩のところにカリニャーノ宮殿（一六七〇年）があり、それは私の壮大な相手です。さらに五十歩のところには、カリニャーノ劇場がありまして、そこではちょうどまことに尊敬すべき『カルメン』が上演されているところです。高い円天井の歩廊は、一気に三十分で通っていかれます。ここのすべてはのびのびとした出来ばえです、とくに広場がそうでして、都会の真ん中に立ちますと、自由の誇らしい感情が湧いてきます。（ニーチェ 1994c : 155-6）

誠に不思議なことに、私は今日にいたるまで不思議なほど明るい春をもつことになったのでした。十年、十五年、多分もっと長いことこの方、それは初めての春でした！　つまり、私はトリーノを発見したのでした・・・。トリーノは知られていない一都市です！……都会の真ん中から雪が眺められます。そのうえイタリア風の、フランス風の素敵な劇場があります。『カルメン』、私がここに来たお祝いとして、なんともふさわしいこと……。前世紀の壮麗な邸宅のある静かな街路の、静寂で高潔なばかりの世界、なんとも貴族的です。（私自身はカリニャーノ宮殿の向かいに住んでいます、司法省の古い建物です。）カフェー文化の絶頂——アイスクリーム、トリーノ風チョコレート。三カ国語の本がある書店。大学、素敵な図書館、参謀本部の所在地。素晴らしい並木の都会、ポー河畔の比類なき河岸風景。イタリアのうちでは格別に、気持ちのよい、いちばん清潔な広々とした都会、一万二十メートルの贅沢な歩廊のある都会。（ニーチェ 1994c : 164-5）

さらに半年近くたった秋、ペーター・ガスト宛ての手紙（一〇月一四日）でも、トリノは「非のうちどころがない」「稀にみる居心地のよい、素晴らしい都会」だと言い、当時三〇万近い人口をもつ都会の利便をもちながら、なお静かさが保たれ「隠者の平穏」を乱されない街だと絶賛している。

しかし同時に、ニーチェにとってトリノは、他の誰にも理解できないような仕方で一つの桃源郷でもあった。街の人びとが皆、この孤独な外国人元教授を信じられないほど気持ちよく迎え入れてくれるというのである。レストランのウェイターも、果物を売る行商の老女も、みな不思議なほど彼によくしてくれる。街中いたるところに好意があり、それが適度で押しつけがましくない。彼は、実に心地よい都会の日常生活を初めて手に入れたと感じている。そのためか、彼はかつてないほど食欲旺盛である。ガスト宛て（一〇月三〇日）とフランツ・オーヴァーベク宛て（一二月二四日）の手紙を読んでみよう。

ねえ、君、ちょうど僕は自分を鏡に映してじっとみていたところだ、——僕がこんなふうにみえたことはなかったことだ。上機嫌の見本みたいだ、栄養がよく、十歳も若いといって差し支えないだろう。おまけに僕は、トリーノを故郷に選んでからというもの、自分自身に表明する敬意の気持ちでは大いに変わった、——たとえば、素敵な仕立屋に大喜びしたり、どこにいっても著名な外国人として迎えられたりすることを値うちのあることだと思ったりしているのだ。これがまた僕にもうまくいっているのだから驚くべきことだよ。僕の料理屋では、およそこの世にある最上の食事をもらっていることはたしかだ。格別奇妙なことなのだが、誰もがいつも僕を気づかってくれるのだ。もりもり食べるということがどういうことなのか、ここだけの話だが、僕は今日までわからなかったし、丈夫でいるにはなにが必要なのかも知らなかったのだ。（ニーチェ 1994c：223-4）

ここトリーノの奇妙なことといえば、僕自身はなんの要求もない人間で、事実なにひとつ欲しがってもいないのに、僕は人を完全に魅惑してしまうのだね。たとえば、僕が大きな店にゆく、するとみんなの顔色がかわってしまうのだ。通りの女たちはじっと僕を見つめるし、年とった行商の女は、僕のためにいちばん素敵なぶどうを取って置いてくれて、値引きしてくれるのだ。・・・またその値そのものが法外なのだ・・・たくさんの広間や部屋のあるすごく広い三階建ての一流料理店のひとつで、僕は食事をとっている。食事ごとに、チップともに一フラン五十サンチームの支払いだ。僕がもらうのは、選り抜き調理された選り抜きの料理だ。肉や野菜や、こうしたすべての食べ物がどうして本来のイタリア料理とはならないのか、僕にはいままでわからなかったのだ。・・・たとえば今日は、ドイツ語でどういうのか知らないが、実においしいオッソブーキという骨付きの肉だ。骨には素敵な髄がある。それにはとても信じられない仕方で料理されたブロッコリがついている。初めには実に柔らかいマカロニが。――僕のボーイたちは、洗練されていて慇懃《いんぎん》で、素晴ら

しい。(ニーチェ 1994c : 272)

ニーチェは、自分でも驚くほど調子がいい。それまでの十数年間、頭痛や目眩や吐き気に悩まされ続けた彼にしてみれば、久しぶりに壮快な体調が続いている。食欲も旺盛だし、十年も若返ったように見える。何よりも街の人たちが自分を大切にしてくれる。不思議なほど誰もが彼を厚遇してくれる。貴族から庶民大衆にいたるまで、誰もが彼に魅了され、親切に丁重に接してくれる。何よりも、カフェやレストランでの食事、新調の服で出かける社交的会合、市場での買い物といった日常生活を楽しめている。とくに、市場の行商の老女は彼のために最高のぶどうを選んでくれ、しかも進んで安くしてくれる。彼はよほど感激したようで、この行商の老女のことをくりかえし語っている。

それだけではない。この時期のニーチェには、故国ドイツでは長く無視されてきた彼の著作を高く評価する私信がヨーロッパ各地から舞い込んでくる。デンマークのブランデス、スウェーデンのストリンドベリ、フランスのテーヌ、ロシアのテニシェフ侯爵夫人をはじめ当時の著名な学者、批評家、文化人たちから好意的な言葉が贈られてくる。新しい仕事としても、『偶像の黄昏』『ワーグナーの場合』『この人を見よ』などの草稿ができ上がり、印刷されて世に出るのを待っている。オーヴァーベク宛て(一〇月一八日)の手紙にはこう書かれている。「僕はいま世界でいちばん感謝の気持ちを懐いている人間だ。言葉のあらゆる良い意味で秋にふさわしく考えるならば、僕の大いなる収穫期なのだ。誰にだってこんな大きな事柄に従事することは困難なことであったのに、僕には万事が容易となり、万事が成功なのだ」（ニーチェ 1994c : 215–6）。

同様に、ストリンドベリから初めての手紙が届いたとき、ニーチェは返事（一二月八日付け）にこう書いている。「昨日貴方のお手紙が私のもとに届きましたとき……ちょうど私は、『この人を見よ』の最後の原稿校正を仕上げてしまったところだったのです。私の生涯にはもう偶然などというものは存在しませんので、貴方もまた偶然などというものではありません。このような瞬間に到着するようなお手紙を、どうして貴方はお書きになるのでしょう！」（ニーチェ 1994c : 248）。長い苦難の耕作と種まきの時期が過ぎ、ついに豊かな収穫の季節がやって来た。今では、困難や失敗などというものはなく、すべては成就されつつある。それはもう偶然などというものではなく、すべては成るべくしてなったのだ。そう思える彼は実際に「世界でいちばん感謝の気持ちを懐いている人間」でもあったのだろう。

このような高揚した幸福な気分を背景にして、ニーチェの手紙や著作にはやや誇大妄想的な語りも増えてくる。自分は人間ではなくダイナマイトだとか、『ツァラトゥストラはこう言った』が各国語に翻訳されて未来の新しい聖書になる、などという発言である。この妄想的気分はとりわけほぼ最後の著作『この人を見よ』で顕著になる。とはいえ、あらためてふり返ってみると、これはたんなる妄想ではなく案外に正確な予言だったとも考えられる。自費出版した『ツァラトゥストラはこう言った』は当時まだ数十人ほどの読者しかもたなかったのだから、世界中で愛読されている現在からみれば、驚くほど的中していたのである。また、ニーチェは哲学思想の世界で一つの事件となったし、今なお創造的な起爆力をもっている。『この人を見よ』のような、常識的に見れば大言壮語の目立つ作品でも、「その自己賛美の底には自己批判が並行して流れており……根底にある正気さは保たれて」いるのである。(Hollingdale 1999 : 220)

2 自己同一性からの解放

それにしてもトリノのニーチェはまるで奇跡的なユートピアにいる。疎遠で敵対的な世界が消え去り、すべての出来事が必然的にうまくいく。世界が自分に入り、自分が世界に入る。自他の境界がしなやかにゆるみ、敵対や対立のない、穏やかで平和な日常生活を享受している。いくぶん多幸症的な雰囲気はあるが、躁病的なエピソードは見られない。誰もが自分を大切に扱ってくれることに感謝こそすれ、急に不機嫌になって威張り散らすようなことはない。食事や散歩や観劇を心ゆくまで楽しみ、街の人たちのほんのちょっとした好意にも深く感じ入る。破れた長靴をはいて行商の老女の前に立ち、果物を選んでもらっては無邪気に喜んでいる。日々の食事やお洒落を楽しみ、流行の観劇に通い、「孤高の哲学者」のイメージにそぐわない文化的市民生活の日常を堪能している。

ところが、この年も終わりに近づいた一二月二九日、メータ・フォン・ザーリス宛ての手紙になると、そこには何か尋常ならざる気配が漂うようになる。彼の上機嫌には明らかに妄想的な気分が混ざってくる。

ここトリーノで僕が、あらゆる階層に、与えている完璧な魅力は実に驚くべきものです。いつも王侯のような扱いを受けています。――僕を迎えたり、僕に食事をもってきてくれたりするその態度には、特別ちがったものがあります。僕が便所にたっても、その顔が変わります。――僕はなにもうるさいことはいわず、落ち着き払って誰にでもおなじ態度をとり、陰気な顔ひとつみせないので、ぜひとも第一級の人間であろうとして、名前や身分をあかしたり、お金を使う必要はありません。（ニーチェ 1994c : 278）

その二日後、一八八八年一二月三一日、ニーチェはもっとも親しい友人であり弟子でもあるペーター・ガストに宛ててごく短い手紙を出している。そこには彼の身に何か異変が起きていることが告げられている。「ねえ、君！　なんという瞬間だ！――兄の葉書がきたとき、僕がなにをやっていたと思う・・・。有名なルビコン河だったのだ・・・。――僕にはもう僕の住所がわからない」（ニーチェ 1994c : 280）。彼は自分が後戻りできない一線を踏み越えつつあることを告げていたのである。

その三日後、一八八九年一月三日、ニーチェは馭者に鞭打たれている馬を見て激しく動揺し、その首を抱きかかえて泣き崩れた。これが彼の精神崩壊の最初の兆候とされている。実際、三日から六日にかけて、友人たちに宛てて次々に出された手紙の書きぶりも異変を匂わせるものだった。それらには「十字架にかけられし者」とか「ディオニュソス」などと署名されている。書き手であるニーチェ自身の自己同一性が崩壊し、自分が誰なのかわからなくなっている様子がうかがえる。
なかでもコージマ・ヴァーグナー宛て（一月三日）とヤーコブ・ブルクハルト宛て（一月六日）の手紙は圧巻である。そのなかでニーチェはもはや「フリードリヒ・ニーチェ」という一個人ではない。時代を遡れば、仏陀でもあり、ディオニュソスでもあり、アレクサンダーでもあり、シーザーでもあり、シェークスピアでもあり、ベーコンでもあり、ヴォルテールでもあり、ナポレオンでもあった。さらには、「十字架にかけられし者」イエス・キリストでもあった。彼は「歴史のなかのあらゆる名前」なのである。

私が人間であるということは、一つの偏見です。しかし私はすでにしばしば人間どものあいだで生きてきました。そして人間の体験することのできる最低のものから最高のものまですべてを知っています。私はインド人のあいだでは仏陀で、ギリシアではディオニュソスでした、――アレクサンダーとシーザーは私の化身で、同じものでは詩人のシェークスピア、ベーコン卿。最後にはなお私はヴォルテールであったし、ナポレオンであったのです。多分リヒァルト・ヴァーグナーでも・・・しかし今度は、勝利を収めたディオニュソスでやってきて、大地を祝いの日にするでしょう・・・時間《ひま》は存分にはないでしょう・・・私のいることを天空は喜ぶことでしょう・・・私はまた十字架にかかってしまったのだ・・・（ニーチェ 1994c：282-3）

また、ヴィットーリオ・エマヌエレ王、ロビラント伯爵、カルロ・アルベルトといった、ここトリノでの生活で頻繁に耳にしていた地元貴族たちの名前も出てくる。当時の新聞で話題になっていたパリの犯罪者プラドーやスエズ運河の設計者レセップスの名前も登場する。ずっと思いをめぐらせてきた歴史上の人物、今気にかかっている話題の人物、その誰もが自分だというのである。

プラドーの事件を余り重大に考えないでください。私はプラドーであり、また父プラドーでもあります。あえて申せばレセップスでもあります。――私はわが愛するパリジャンに、ある新しい概念を与えようと思いました、――つまり、端正な犯罪人という概念をです。……私の謙虚さを圧迫し、また不愉快でもあることは、結局、私が歴史のなかのあらゆる名前であるということです。……この秋、私はできる限り粗末ななりをして、二度ほど私の葬儀に参列しました。初めはロビラント伯爵として（――いや、いちばん深い性質からみて、私がカルロ・アルベルトであるかぎり、あれは私の息子です）。しかし私自身はアントネリでした。（ニーチェ 1994c : 287）

これらの手紙を一読すれば、誰もが常軌を逸していると感じるだろう。話が支離滅裂であるうえに、手当りしだいに自分を他人と等置しているからだ。この最後の手紙を受け取ったブルクハルトはニーチェのバーゼル大学時代の同僚だった文化史家であり、ニーチェが長く敬意を寄せ続けた年上の友人である。ただならぬ気配に気づいたブルクハルトは、やはりバーゼル大学の神学者でニーチェの親友オーヴァーベクに連絡してニーチェを引き取らせたのだった。

この最後のニーチェの身に起きているのは、「わたしはわたしである」という自己同一性の崩壊である。仏陀を思えば仏陀になる、ナポレオンを思えばナポレオンになる。地元の貴族を思えばその貴族になる。話題のスキャンダルの人物を思えばその人物になる。ぶどうを選り分けてくれた行商の老女を思えば、その老女にもなっていたにちがいない。それまでの思考の習慣で手紙には歴史上の著名人が多く出てくるが、本当は誰でもよかったのだろう。「人間の体験することのできる最低のものから最高のものまですべてを知って」いると思える彼にとって、自分は誰でもあったのだし、また誰でもありうるのである。

一般に、「狂気の人」ニーチェの姿はしばしば悲惨なもの、憐れむべきもの、苛酷なもの、少なくとも悲劇的なものと見なされてきた。「反時代的な孤高の哲学者が狂気に陥って自滅する」という教訓めいたエピソードとして語られることもある。とはいえ、自己同一性の崩壊はまた自己同一性からの解放でもある。しかも、入院前後のニーチェには、錯乱して暴れたり、自殺を図ったりした形跡もない。公衆の面前での奇矯な振舞いといえば、例の鞭打たれた馬の首を抱えて泣き崩れた場面にほぼ尽きている。ここには悲惨さや苛酷さだけでなく、どこか微笑ましいもの、悲劇がおわった安堵、さらには喜劇的な解放感のようなものさえ感じとることができる。「僕はもう僕の住所がわからない」と書いたとき、自分は自分でなければならないという時空の限定性が消滅していったのだろう。あるいは宮沢賢治のように、「まづもろともにかがやく宇宙の微塵となりて無方の空にちらばらう」としたのかもしれない。いずれにしても、この最後のニーチェは近代的な個人＝主体の桎梏から解放されるだけでなく、自己同一性の桎梏そのものから脱落し、解放されたともいえるのではないだろうか。

トリノから連れ戻されてからのニーチェは一九〇〇年に死を迎えるまでの一〇年間、母親や妹の世話で療養生活を送ることになる。何も語らず何も書かなかったが、まるで子どもに戻ったようでもあり、妹や友人の付き添いで散歩に出たり、好きなピアノを弾いたりしたらしい。「ピアノを弾くニーチェ」については次のようなエピソードがよく知られている。「母親が知人の家を訪ねようとすると、まるで子どものようにニーチェが後を追ってくるので、彼女は彼をその家のピアノの前に坐らせ、いくつかの和音を弾いて聴かせる。すると彼は、何時間でもそれを即興で変奏しつづける。その音の聴こえるあいだ、母親は安心して知人と話ができたという」（木田 2009 : 130）。

すでに見てきたように、あらためてトリノのニーチェの、友人たちへの手紙を読み返していくと、ニーチェの精神崩壊は必ずしもしばしば指摘されるような「失敗」でも「挫折」でもなかったように思われてくる。彼はすでに書くべき著作のほぼすべてを完成させ、後は「収穫を待つ」だけだった。トリノの街では食欲旺盛な日常生活を楽しみ、大好きな「カルメン」観劇をはじめ豊かな都市文化を満喫していた。一人の外国人哲学者として街の人びとに受け入れられたことを素直に喜び、これまでの努力が実を結びつつある幸福に感謝しながら、ついには自分一個人という限定性から解放され、人類史の大きな時空のなかへ砕け散っていった。おまけに、そうした自己変容のプロセスを友人たちへの手紙という形で後世に伝えてもいったのだから。

ちなみに、私はかつてニーチェの書簡集を携えてトリノの街を歩いてみたことがある。カリニャーノ宮殿やその向かいのニーチェ旧居、高い円天井の歩廊、アイスクリームとチョコレートのカフェー文化、街にふんだんに配された広場、その広場から山を望む景色、ポー河に沿った素晴らしい散歩道など、ニーチェの足跡を追ってみた。ニーチェの書簡集がトリノ旧市街の身近なガイドブックのように感じられ、当時のニーチェの高揚感と幸福を心ゆくまで追体験することができた。その後、精神科医の小林真がやはりニーチェの手紙に魅せられてトリノ旧市街を訪れ、一〇〇年後にものこっている幸福なニーチェの日常にふれていたことを知った。生き生きとしたエピソードの一端をここで共有しておきたいと思う。

筆者（小林）は、このCarlo Alberto広場に面したニーチェの下宿跡をたずねて、一九七一年一二月と一九八一年七月、一九八七年三月および一九九五年八月とつごう四回Torinoを訪れた。……近くのVia Roma沿いには、ニーチェが好んで音楽をきいたというカフェを探してみたり、そこで良質の仔牛のKalbbraten（ステーキ）を食べ、良質のコーヒーを飲み、Grissiniをかじってみたりした。……しかし、もっとも驚いたのは筆者の四回目のTorino訪問一九九五年八月のある日、ニーチェが一八八八年一〇月F. Overbeck宛の手紙で「約一時間はポー河に沿って続くすばらしい並木道」と書いている、その並木道を筆者も歩いてみて、Via Poをもどって来る時、その中ほど左手に（というのは南側に）Caffè Nationalというのを発見したことであった。これはニーチェの手紙の中に出てくるカフェの名のひとつで、早速店へ入って、給仕娘にはまずGelato（アイスクリーム）をたのみ、店名にはNuovo Caffè Nationalとあるので、念のため見かけた四〇〜五〇歳くらいの店主にEra Vecchio Caffè National anche qui? と尋ねると、Siという返事。その時の筆者のよろこびようは読者の想像にまかせる。……ニーチェの愛したポー河畔の途上のカフェが百年余を経て現存していたのである。もちろん内部は改装されているだろうが、その名だけでも。（小林 1999：223-4）

3　日常性の永遠回帰――『ニーチェの馬』から

さて、トリノのニーチェが抱きかかえた馬、その馬を鞭打っていた馭者の男はその後どこに行ったのだろうか。そのイメージを追いながら、人間の現在と未来をめぐる一つの壮大な寓話を提示した映画作品がある。二〇一一年に公開されたタル・ベーラ監督の『ニーチェの馬』（原題はThe Turin Horse）である。

作品の冒頭、一八八九年一月三日のニーチェ昏倒のエピソードが簡潔にナレーションされる。すぐに初老の農夫が馬を鞭打ち、田舎道に沿ってひたすら荷車を走らせていくシーンが続く。人里離れた荒野に立つ石造りの一軒家に着くと、そこには農夫の娘がいる。頑丈な馬小屋もある。外は暴風が吹き荒れる白昼の薄曇りである。生活は貧しく、一日の食事は茹でた大きなじゃがいも一つずつと決めている。日が昇っては沈む一日のリズムに従って、父は馬小屋仕事や薪割りを、娘は水汲みや炊事・洗濯を淡々とくりかえす。やがて井戸が枯れ、明りも燈らなくなり、すべてが闇に消えていく。それまでの六日間、貧しくも単調な、農夫とその娘、そして馬の日常生活を濃密なモノクロ映像で描き出している。辺り一面の荒れた大地には、なぜかいつも暴風が吹きすさんでいる。砂ぼこりがあがり、ちぎれた葉っぱや草が舞っている。薄曇りが続き、雨はいっさい降らない。（背景音として）地の底に沈みこんでいくような重低音の旋律がゆっくりと回り続けている。まさにニーチェがかつて語っていた、この世の終わりを思わせるような光景である。

地球は今どっちへ動いているのだ？　おれたちはどっちへ動いているのだ？　あらゆる太陽から離れ去ってゆくのか？　おれたちは絶えず突き進んでいるのではないか？　それも後方へなのか、側方へなのか、前方へなのか、四方八方へなのか？　上方と下方がまだあるのか？　おれたちは無限の虚無の中を彷徨するように、さ迷ってゆくのではないか？　寂寞とした虚空がおれたちに息を吹きつけてくるのではないか？　いよいよ冷たくなっていくのでないか？　たえず夜が、ますます深い夜がやってくるのでないか？　白昼に提燈をつけなければならないのでないか？　神を埋葬する墓堀人たちのざわめきがまだ何もきこえてこないか？　神の腐る臭いがまだ何もしてこないか？――神だって腐るのだ！　神は死んだ！　神は死んだままだ！　それも、おれたちが神を殺したの

だ！（ニーチェ 1993b : 219–20）

一軒家に着くと、農夫の男とその娘は馬にいくつも絡みついている馬具を一つ一つとりはずしていく。馬小屋の分厚い木製の扉を開け、風で閉まらないよう左右に重しの石をおく。中には水桶や餌箱、フォークやスコップなどの道具一式が揃っている。馬を休ませ、再び重しの石をはずして、扉を閉め、いくつも掛け金をかける。やはり分厚く重い扉をあけて家に入ると、なかはまったくの静寂である（音楽も止んでいる）。お湯の沸く音、男の咳、娘の足音だけが鮮明に聞こえる。夕食は茹でた大きなじゃがいもを一つずつ、父と娘はテーブルに向かい合い、黙々と食べる。男は右腕が麻痺していて使えないため、熱いじゃがいもの皮を左手一つで器用にむいて塩をかける。夜、就寝前に、男は「木食い虫の音が聞こえない」といい、娘も同意する。五八年生きてきて初めてのことだという。ちなみに、『ツァラトゥストラはこう言った』に「木食い虫」への言及がある。「ああ、虫は何をかじりつづけているのか？　時は近づいた。時は近づいた、――鐘がひくくうなっている。心臓はまだ調子があわない。木食い虫はまだかじっている。心臓をかじる虫なのか。ああ！　ああ！　この世は深い！」（ニーチェ 1970 : 320）。この木食い虫のかじる音がついに聞こえなくなったというのである。

二日目の朝、外は相変わらず暴風が容赦なく吹き荒れている。よほど寒いのだろう、娘は服を何枚も重ね着した上に大きなマントをかぶる。両手に大きなバケツを持ち、暴風によろめきながら、家の前にある井戸に水を汲みに行く。井戸にかぶせてある鉄板を張った蓋《ふた》をはずし、桶を引き上げ、バケツに水を注ぐ。また桶を投げ下ろして、同じ作業をくりかえす。ふたたび蓋をかけ直し、暴風によろめきながら家に戻る。上着を脱いで元の服掛けにかけ直すと、ベッドで起き上がっている父の着替えを手伝う。農夫の男は仕事に行こうとするのか、馬に馬具をつけ直し荷車につないで出かけようとする。しかし、馬のほうが動こうとしない。手綱で激しく馬を打つが、それでも馬は歩き出そうとしない。たまりかねた娘が制止し、父は外出を諦める。そして、ふたたび娘とともに幾重にも絡まった馬具を一つずつとりはずし、馬小屋に連れ戻す。

その後、隣人の一人が焼酎（パーリンカ）を分けてほしいと立ち寄る。隣人はテーブルに着くと、息せき切って話し出す。それは世界の終末をめぐる哲学的講釈のような話である。「町は風にやられた。すべて駄目になった。人間が一切を駄目にし堕落させたのだ。人間が自分自身を裁いたのだ」。農夫の男はただ黙って聞いている。そして、切りのよいところで、「いい加減にしろ。くだらん」と言う。隣人はいくらかのコインをおいて去る。息せき切ってこの世界の醜悪と虚偽と暗黒を告発する隣人は、ニーチェが描き出した物まね師「ツァラトゥストラの猿」を連想させる。また、農夫の男の振舞いは「もはや愛することができないときは、――しずかに通りすぎることだ！」というツァラトゥストラの教えを想起させる（ニーチェ 1970 : 59）。

三日目、一軒家の前に二頭立ての荷車に乗った若者たちと老人の一群が通りかかる。若者たちは勝手に井戸の水を汲み、上機嫌でふざけ騒いでいる。困惑する農夫の娘に向かって、「一緒にアメリカへ行こう」と笑いながら連れ出そうとする。農夫の男は手斧を持ち出し、この軽躁状態の「末人」たちを追い払う。その夜、娘は老人から手渡された本を読む。そこには世にも奇怪な、堕落した教会の歴史が語られている。

四日目、井戸の水が枯れている。もうここでは住めないと、父娘は馬とともに脱出を試みる。娘は大きな木のトランクに、何枚もの下着と上着を丁寧にたたみ込み、裁縫道具に書物、母親の額入り写真を入れ、最後にブーツと革靴をきっちりはめ込む。その手際の良さが鮮やかな印象をのこす。娘が前に立ち父が横から押して荷車を引き、弱った馬がその後をとぼとぼついていく。しかし、一行はほどなくして諦め、引き返してくる。馬小屋に戻った馬は悄然とたたずんでいる。もう餌を食べない。水も飲まなくなった。

五日目、男のベッドに朝の光がさし込んでくる。いつもの通り、男の目覚めはなぜか明るい。身を起こして、少し驚いたように辺りを見まわし、ふたたびの一日が始まる。その夜、ランプの灯りがつかなくなる。火も消えてしまい、お湯も沸かせない。外の嵐が止み、まったくの静寂になる。六日目、夕食のテーブルで父はなまのジャガイモをかじる。食べようとしない娘に「食え。食わねばならん」と言う。娘はもはや食べず、ただ静かに座っている。

映画『ニーチェの馬』の大部分は日々の生活のための細々とした作業のくりかえしである。動きのないモノクロ影像が重く低く旋回する音楽とともに延々と続いていく。まるで静止画像のようなシーンも少なくない。実際、この作品を最初に観たとき、私は三〇分ほどで眠ってしまった。二度目に観たときも一時間はもたずに寝落ちした。三度目にして初めて全編の二時間半を通して鑑賞することができた。

その後さらに全編をゆっくりとあじわう機会に恵まれた。しかし、こうした視聴体験を通じて、当初は単調すぎるように思えた日常の生活場面のくりかえしにしだいに魅了されていった。それと同時に、父娘と馬の「日常性の永遠回帰」にともなう尊厳と品位にあらためて気づかされたように思う。

右腕が使えない農夫の男は、自分一人では服を着ることができない。朝ベッドで身を起こしたとき、昼に馬小屋に行くとき、夜の就寝のとき、そのつど娘に手伝ってもらって、シャツやズボン、上着や下着を着たり脱いだりする。外に出るときは仕事着に、家に入れば部屋着に着替える。室内でもよほど寒いようで、何枚も何枚も重ね着している（娘も同様だ）。シャツを着るたびにボタンを一つずつかけ、また、一つずつはずす。靴を履くこと、脱ぐこともまた一人ではできない。左腕をフルに使いながら、できないところは娘に手助けしてもらう。娘は脱いだ下着をたたみ、シャツや上着は壁の服掛けに戻す。決して楽ではない面倒な日課だが、娘も父もけっして投げ出すことなく、一つ一つの作業をたんたんと手際よくこなしている。馬具のつけはずし、馬糞の処理、井戸での水汲みも手間のかかる作業だ。そして、使った道具はけっして放っておかれることはない。一つ一つ元の置き場に戻されていく。

生存ぎりぎりの貧しい生活である。しかし、堅実に磨き上げられた文化的生活がある。食料の茹でたじゃがいもは、テーブルの上の皿におかれる。その皿は片付けられ、水瓶にとってある水で洗われる。娘は寝る前にきちんと顔を洗う。下着やシャツは手で洗い、紐にかけて乾かし、きれいにたたまれる。右手の使えない父は、左腕一つで薪を立て、斧に持ち替えて薪を割る。馬具の革紐も丁寧に制作する。そして、毎朝、コップ二杯の焼酎（パーリンカ）を飲む。父娘は日が昇り沈む一日のリズムに従って、必要な日課を淡々と過不足なくこなしている。それ以上でも以下でもない。だから、手の空いた暇な時間もたっぷりある。そのときは窓際の椅子に座り、ただじっと外を眺めている。賢者ぶった隣人にも、浮かれた若者たちにも用はない。父は父で、娘は娘で、そして馬は馬で、それぞれに静かな瞑想の時間を過ごしている。その微動だにしない後ろ姿が哀しくも美しい。

日々の生活をしっかりと保つこと。一つ一つの作業を過不足なく成し遂げていくこと。人が人として生きることの尊厳と品位の基本がここに示されているように思われてくる。朝起きたら顔を洗い、タオルで拭くこと。歯をみがき、口をゆすぐこと。食事がすんだら皿を洗い、乾かし、戸棚に戻すこと。何か道具を使った後は、そのたびに元の場所に戻しておくこと。身のまわりの物をいつも片づけておくこと。これは道具とともにある日常生活のアートである。そうした日常生活の様式化とそのくりかえしは、ニーチェ的な観点からすれば、「日常性の永遠回帰」と呼べるのではないだろうか。ニーチェは『悦ばしき知識』のなかで、「生活の詩人」について語っている。

> 芸術家に何を見習うべきか。——事物をわれわれにとって美しく、魅力的に、願わしいものとするのに、どんな方法がわれわれにあるだろうか？……事物を自分のところから遠ざからせて、その多くの箇所がもはや見えなくなるようにしたり、または、事物をそれでもなお観察するために、多くのものを事物につけ加えて見たりすること——あるいは、事物を切断面において眺めるかのようにこれを斜かいに見ること……こうしたやりかたのすべてを、われわれは、芸術家たちに見習うべき

であるし、しかもその他の点では彼らよりもっと賢くなければいけない。というのも、彼らの場合は、こうした彼らの微妙繊細な能力も、芸術が止み生活が始まるところで立ち消えになってしまうのが通例だからだ。われわれは、しかし、われわれの生活の詩人でありたいと思う、しかも、何よりまず平凡陳腐な日常茶飯事のなかでだ！（ニーチェ 1993b : 314-5）

私たちがほかならぬ自分たち自身の生活の詩人でありうるということ。日々の平凡な日常茶飯事のなかの「芸術家」でありうるということ。今や、トリノのニーチェは現実にその境地を生きたのではないかと思えてくる。それは「駱駝」と「獅子」を通り過ぎた「幼な子」の境地に近い。実際、最後の五日目の朝も、農夫の男の目覚めは明るい。光がさし込むベッドの上で、少し驚いたように、不思議そうに、「幼な子」のように、新たな朝を迎えている。たしかに、その翌日の六日目、この世界は文字通りの終焉を迎えるのかもしれない。しかし、ニーチェによれば、その世界の終焉も含めて、すべてがまた再び、永遠に戻ってくるのである。その意味では、ニーチェの永遠回帰思想はこうした日常生活の芸術化への肯定として理解することができる。「日常性の永遠回帰」は近代の成長社会の終焉を生きる私たち現代人にとっても身近で切実な問題として浮上しているのである。そうした観点から、『ツァラトゥストラはこう言った』で永遠回帰を説いたニーチェの言葉をあらためてあじわってみたい。

あなたがたがかつて、ある一度のことを二度あれと欲したことがあるなら、「これは気にいった。幸福よ！　束の間よ！　瞬間よ！」と一度だけ言ったことがあるなら、あなたがたは一切がもどってくることを欲したのだ！

――一切を、新たに、そして永遠に、万物を鎖でつながった、糸で貫かれた、深い愛情に結ばれたものとして、おお、そのようなものとして、あなたがたはこの世を愛したのだ！

――あなたがた永遠の者よ、この世を永遠に、常に、愛しなさい！　そして嘆きに対しても言うがいい。「終わってくれ、しかしまた戻ってきてくれ！」と、なぜなら、すべてのよろこびは――永遠を欲するからだ。（ニーチェ 1970：326）

参考文献

赤坂真理 2001「『障害』と『壮絶人生』ばかりがなぜ読まれるのか」『中央公論』二〇〇一年 六月号
秋山駿 1996『信長』新潮社
阿部嘉昭 1994『北野武 vs ビートたけし』筑摩書房
阿部秋生・秋山虔・今井源衛（校訂）1974『日本古典文学全集15 源氏物語4』小学館
アレント・H 1994『人間の条件』志水速雄訳 ちくま学芸文庫
石牟礼道子 2004『苦界浄土』講談社文庫
ウェーバー・M 2017『世界宗教の経済倫理――比較宗教社会学の試み 序論・中間考察』中山元訳 日経ＢＰ
榎並重行 2012『ニーチェのように考えること――雷鳴の轟きの下で』河出書房新社
圓増治之 2008『遊戯する生への変容――ニーチェの場合と良寛の場合』晃洋書房
オーウェン・D 2002『成熟と近代――ニーチェ、ウェーバー、フーコーの系譜学』宮原浩二郎・名部圭一訳 新曜社
大澤真幸 1994『意味と他者性』勁草書房
岡崎宏樹 2020『バタイユからの社会学――至高性、交流、剥き出しの生』関西学院大学出版会
岡田紀子 2004『ニーチェ私論――道化、詩人と自称した哲学者』法政大学出版局
小此木啓吾 2010『モラトリアム人間の時代』中公文庫（改版）

折口信夫 1976『折口信夫全集 第八巻　国文学篇2』中公文庫

ガボール・D 1973『成熟社会——新しい文明の選択』林雄二郎訳 講談社

木田元 2009『ピアノを弾くニーチェ』新書館

Keynes, J. M., 1932 "Economic Possibilities for our Grandchildren (1930)," *Essays in Persuasion*, Harcourt Brace.

国立社会保障・人口問題研究所 2002『人口の動向・人口統計資料集 2001/2002』厚生統計協会

——— 2020 人口統計資料集（Web 版）

小林真 1999『ニーチェの病跡——ある哲学者の生涯と旅・その詩と真実』金剛出版

Conway, D., 1989, "Overcoming the Übermensch: Nietzsche's Revaluation of Values," *Journal of the British Society for Phenomenology*, 20(3): 211–24.

清水真木 2003『ニーチェ』講談社

竹田青嗣 1994『ニーチェ入門』ちくま新書

谷崎潤一郎 1973『潤一郎訳　源氏物語 巻三』中公文庫

土屋恵一郎 1993『ベンサムという男——法と欲望のかたち』青土社

ドゥルーズ・G 1982『ニーチェと哲学』足立和浩訳 国文社

ニーチェ・F・W 1967『ツァラトゥストラはこう言った（上）』氷上英廣訳 岩波文庫

——— 1970『ツァラトゥストラはこう言った（下）』氷上英廣訳 岩波文庫

——— 1993a『ニーチェ全集7　曙光』茅野良男訳 ちくま学芸文庫

——— 1993b『ニーチェ全集8　悦ばしき知識』信太正三訳 ちくま学芸文庫

――1993c『ニーチェ全集11　善悪の彼岸　道徳の系譜』信太正三訳　ちくま学芸文庫

――1994a『ニーチェ全集14　偶像の黄昏　反キリスト者』原佑訳　ちくま学芸文庫

――1994b『ニーチェ全集15　この人を見よ　自伝集』川原栄峰訳　ちくま学芸文庫

――1994c『ニーチェ全集別巻2　ニーチェ書簡集Ⅱ　詩集』塚越敏・中島義生訳　ちくま学芸文庫

ネハマス・A 2005『ニーチェ――文学表象としての生』湯浅弘・堀邦維訳　理想社

ハイデッガー・M 1997a『ニーチェⅠ』細谷貞夫監訳　平凡社

――1997b『ニーチェⅡ』細谷貞夫監訳　平凡社

バタイユ・G 1990『至高性――呪われた部分』湯浅博雄・中地義和・酒井健訳　人文書院

――1992『無神学大全　ニーチェについて』酒井健訳　現代思潮社

Villa, D. R., 2000 'Democratizing the *Agon*: Nietzsche, Arendt and the Agonistic Tendency in Recent Political Theory,' A. D. Schrift (ed.), *Why Nietzsche Still?*, University of California Press: 224-46.

平野啓一郎 2012『私とはなにか――「個人」から「分人」へ』講談社現代新書

広井良典 2013『人口減少社会という希望』朝日新聞出版

フーコー・M 1986『性の歴史Ⅱ　快楽の活用』田村俶訳　新潮社

Hollingdale, R. J., 1999, *Nietzsche: The Man and His Philosophy*, Cambridge University Press (revised ed.).

McIntyre, A., 1997, *The Sovereignty of Joy —Nietzsche's Vision of Grand Politics*, University of Toronto Press.

三富明 1995『永劫回帰思想と啓蒙の弁証法』理想社

――2000『ワーグナーの世紀』中央大学出版部

宮台真司 1998『終わりなき日常を生きろ』筑摩書房
宮原浩二郎 1992『貴人論』新曜社
―――― 1998「言葉に聴く現在――「他者」と「大人」」『ソシオロジ』133: 81-6.
―――― 1999『変身願望』ちくま新書
―――― 2000「思いやりのある手紙」大村英昭編『臨床社会学を学ぶ人のために』世界思想社
―――― 2010『ニーチェ　運命を味方にする力』ＰＨＰ文庫
村上龍 1994『五分後の世界』幻冬舎
森真一 2008『ほんとはこわい「やさしさ社会」』ちくまプリマー新書
森岡正博 2003『無痛文明論』トランスビュー
柳父章 1978『翻訳文化を考える』法政大学出版局

あとがき

「ニーチェと現代人」というテーマで一冊の本を公刊することは、ここ十年来の宿願だった。私は文化社会学から現代文化論、現代人の成熟論や幸福論まで、その時々の関心に応じてニーチェ思想を取り上げてきたが、それらの論文やエッセイの全体を俯瞰できる視点を定めるのにずいぶん時間がかかってしまった。その視点とは『ツァラトゥストラはこう言った』で語られる「獅子」から「幼な子」への成熟の視点である。

一九九〇年代の初め、私がニーチェから受けた衝撃は何よりも「獅子」の「闘いと征服の幸福」にあった。それが二〇〇〇年代を通してしだいに変化し、現在では、ニーチェへのもっとも深い共感は「幼な子」の「遊びと創造の幸福」にある。この変化の背景にはたんに個人的な事情だけでなく、より広い社会的・歴史的な文脈がある。それはひたすらに発展・上昇を目指してきた近代の成長社会の終焉であり、その後にやってくるはずの落ち着いた成熟社会への模索である。

ここ一年間の新型コロナ禍もまた近代の成長社会の産物である。世界的な経済競争の異常な加速と過熱が自然生態系の破壊とともにウイルスのとめどない拡散をもたらしている。今後も人びとの間に無意味な闘争が続く限り、また大きな禍《わざわい》がくりかえされるにちがいない。もうそろそろ私たちの有り余る生命エネルギーを、他者（他人、他企業、他都市、他国、そして自然）に打ち勝つための奮闘努力ではなく、私たち自身を愉しませる生活の創意工夫にふり向けていきたいものである。他者との比較に依存しない、深い静かな幸福をもたらす文化的・社会的活動の大切さが自覚されてきたのではないだろうか。あらためてニーチェのいう「幼な子」の「遊びと創造の幸福」に注目したいと思う。

コロナ禍は私たちの日々の生活の足下を新たに見つめ直す機会を与えてくれた。自分の足で歩いて街角の樹々や公園の青空にふれ、自分自身の五感で身近な人びととの交わりをあじわうこと。この一年間の不自由な生活を通して、ニーチェのいう「生活の詩人」がいよいよ身近なものになってきたように思う。ニーチェを介した現代人論への試みが、これからの私たちの生き方と世界の在り方をめぐる熟慮に向けて少しでも貢献できれば嬉しい。

なお、本書は二〇二〇年度「関西学院大学研究叢書」として出版助成を受けている。本書の企画を長い間見守って頂いた関西学院大学出版会の田中直哉氏、校正・編集を担当して頂いた戸坂美果氏に感謝したい。

二〇二一年二月二日

宮原浩二郎

初出覚え書き

第一章　近代人とルサンチマン……「超人のヴィジョン―ニーチェという問題」『関西学院大学社会学部紀要』63: 373-94, 1991 をもとに大幅に加筆修正

第二章　「末人」とその他者……「他者の衝撃、衝撃の他者」内田隆三編『情報社会の文化2 イメージのなかの社会』東京大学出版会、49-78, 1998 をもとに大幅に加筆修正

第三章　道徳と行為美学……「故意と過失の行為美学」棚瀬孝雄編『法の言説分析』ミネルヴァ書房、273-291, 2001 をもとに大幅に加筆修正

第四章　静かな超人……1節および2節は書下ろし。3節は「静かな超人について」『創文』407: 1-4, 1999 をもとに大幅に加筆修正

第五章　幸福の遠近法……「ニーチェと幸福の高さ」『先端社会研究』1 : 107-127, 2004 をもとに大幅に加筆修正

第六章　新たな成熟の問題……1節および2節は「大人のイメージ転換に向けて」『教育と医学』50(4) : 56-61, 2002 および「新たな成熟の問題」『人間会議』夏号、124-127, 2003 をもとに大幅に加筆修正。3節および4節は書下ろし

第七章　日常性の永遠回帰……1節および2節は『変身願望』ちくま新書 1999 の第5章2「最後のニーチェ」をもとに大幅に加筆修正。3節は書下ろし

著者略歴

宮原 浩二郎（みやはら こうじろう）

1956 年東京都生まれ
ウィスコンシン大学マディソン校大学院社会学研究科博士課程修了（Ph.D.）
現　職　関西学院大学社会学部教授
専　門　文化社会学　社会学理論　社会美学
主な著書　『社会美学への招待』ミネルヴァ書房 , 2012 年（藤阪新吾と共著）
『ニーチェ 運命を味方にする力』PHP 文庫 , 2010 年
『論力の時代——言葉の魅力の社会学』勁草書房 , 2005 年
『変身願望』ちくま新書 , 1999 年
『ことばの臨床社会学』ナカニシヤ出版 , 1998 年
『貴人論』新曜社 , 1992 年

関西学院大学研究叢書　第 228 編

KGUP série 社会文化理論研究
ニーチェと現代人

2021 年 3 月 31 日 初版第一刷発行

著　者　宮原浩二郎

発行者　田村和彦
発行所　関西学院大学出版会
所在地　〒 662-0891
兵庫県西宮市上ケ原一番町 1-155
電　話　0798-53-7002

印　刷　株式会社クイックス

Printed in Japan by Kwansei Gakuin University Press
ISBN 978-4-86283-310-5

KGUP série

社会文化
理論研究

Sociocultural theory research

KGUP série 社会文化理論研究

シリーズ発刊のことば

このシリーズは、広く人文社会科学の領域全体を視野におさめ、特に理論的・原理的な考察を目指す研究をとりあげて公刊する。ものごとの原理に迫る哲学的・理論的な省察は、時代を超えて重要度を失っていないにもかかわらず、出版物としては即座に役にたつものでも、多くの部数が出ることを期待できるものでもない。だからこそ大学出版会が、学問の原点に帰るこうした試みを後押しし、長い時間と労力をかけた骨太で良質な学術研究を継続的に出版していく意義がある。série〈セリ〉はこの試みがひと続きの連続体をなし、次の世代へと引き継がれていくことを期待して名づけられた。